互联网时代
让你的公司脱颖而出

张昌龙 等 编著

清华大学出版社
北京

图书在版编目(CIP)数据

互联网时代：让你的公司脱颖而出 / 张昌龙等编著. — 北京：清华大学出版社，2017

ISBN 978-7-302-44867-9

Ⅰ.①互…　Ⅱ.①张…　Ⅲ.①互联网络—应用—企业管理—研究　Ⅳ.①F272.7

中国版本图书馆 CIP 数据核字(2016)第 201682 号

责任编辑：张立红
封面设计：邱晓俐
版式设计：方加青
责任校对：李跃娜
责任印制：王静怡

出版发行：清华大学出版社
　　　　　网　　　址：http://www.tup.com.cn，http://www.wqbook.com
　　　　　地　　　址：北京清华大学学研大厦 A 座　　　　　邮　　编：100084
　　　　　社 总 机：010-62770175　　　　　　　　　　　邮　　购：010-62786544
　　　　　投稿与读者服务：010-62776969，c-service@tup.tsinghua.edu.cn
　　　　　质 量 反 馈：010-62772015，zhiliang@tup.tsinghua.edu.cn
印 装 者：三河市金元印装有限公司
经　　销：全国新华书店
开　　本：170mm×240mm　　　印　　张：16.5　　　字　　数：211 千字
版　　次：2017 年 3 月第 1 版　　　印　　次：2017 年 3 月第 1 次印刷
定　　价：45.00 元

产品编号：070283-01

前　言

　　如今互联网已经成为这个时代的标志，是各个行业发展的动力，想要依靠互联网创业的朋友就需要了解互联网的发展动态和前沿趋势。本书中讲了"互联网+"、O2O（Online To Offline，即在线离线/线上到线下）等互联网发展的新模式，它们是知识社会创新推动下互联网形态演进及其催生的经济社会发展的新形态。通俗一点讲，"互联网+"就是互联网可以加上任何传统的商业和现代的企业，也就是说传统行业都可以融入到互联网中。

　　现在互联网已经改造了很多行业，如电子商务、互联网金融、在线旅游、在线房地产等，这些都是互联网的"杰作"。除此之外，互联网还可以和大数据、云计算、物联网、工业4.0等现代制造业相结合，引导互联网行业发展。

　　本书帮助互联网创业者了解互联网市场，清楚作为一个初创的小企业在互联网市场中有哪些优势，怎样利用自身优势一步步进行扩张。书中对O2O模式、小众化平台、社群经济、产品定位、品质保障、售后服务、流程优化、口碑效应、用户体验等一一进行详解，让互联网创业者在创业的过程中少走弯路，快速发展。

本书特色

1. 内容实用、详略得当，让读者轻松认知互联网行业

本书对互联网发展的新模式不惜笔墨，对每一个环节、每一个重点都进行了详细的解说，这样符合互联网创业者的认知，由浅入深地将读者一步一步地引入到互联网行业中来，并将一个处于初创阶段的企业的优势和不足都列了出来，让创业者在学习前人经验的基础上走出自己独有的创业之路。

2. 案例新奇，以全球知名互联网企业为案例

本书根据不同的互联网模式列举不同的互联网企业案例，而这些互联网企业都是在相应的互联网模式中最为突出的，这样可以让创业者了解不同模式的优点和最先进的经营模式，帮助创业者寻找到适合自己的经营模式。这里面的互联网企业有国外的三大巨头——微软、谷歌、苹果，也有国内的三大巨头——百度、阿里巴巴和腾讯。

3. 图文并茂，语言诙谐，激起读者的阅读兴趣

本书内容采用图文并茂的方式，可以让读者深入了解互联网的经营模式，知道每个模式的优点和缺点，而不至于让读者混淆在不同的模式中找不到出路；本文的行文生动活泼，语言轻松诙谐，趣味性和实用性强，不会让读者感到枯燥乏味。

本书内容结构体系

上篇 为多数人服务模式终结（1~3章）

这三章总体上讲了小企业相对于大企业的优势。第一章主要讲了大企

业在市场中面对的困境。大企业因为大而全，无论是在产品开发还是在经营方面都有考虑不周的地方，特别是在市场的变革中，大企业所有的问题都会显露出来，这样很容易被市场淘汰。所以，小企业在建立之初要掌握好自己的优势，不要一心想着做大、做全，其实小企业也有自己的特色。

第二章中讲了小企业要向定制化和个性化的方向发展，因为小企业在这方面有天然的优势；大企业因为生产规模比较大，实现定制服务需要很大的成本，而小企业本身就是小量生产，在这一方面有自己独特的优势。

第三章是让小企业发展自己的社群经济和打造小众平台。社群经济能够很好地保障小企业在发展过程中不被大企业打压，形成自己的一个社群经济圈；小众平台有着大作用，企业不要小瞧了小众平台的作用，很多大型企业都是靠着小众平台发家的。目前中国已经有很多小众平台，这正是企业大显身手的好时机，当然这要看企业如何利用好这些小众平台了。

中篇　如何打造"小而美"的平台（4~8章）

这五章主要讲了企业如何去打造一个小而美的平台。首先，企业要对自己的产品进行定位。企业的产品是以什么样的消费者为主？毫无疑问，当然是以社会的主流消费人群90后为主。那么企业就要分析主流消费人群有哪些特点，苹果和小米是怎样依靠这种消费人群成功的。本篇将一一为读者解答。

一个小企业，生产规模可以小，但是产品的质量一定要不比大企业差，这才是企业小而美的精髓。当企业把产品的品质做好了，可以让消费者体验自己的产品，这是一种最低成本、最高效率的营销手法，可以为企业以后的扩张打下良好的基础。

下篇　突围时代："小而美"向"大而全"的方向裂变（9~11章）

企业在发展小而美的过程中需要复制和创新，在什么样的情况下需要复制，在什么样的情况下需要创新，这是企业发展的关键。不能只依靠其中任何一个方面去发展，这样会让企业积累的优势全部丧失。企业只有把小而美做到极致的时候，才是向大而全转变的开始。这时就需要企业选择扩张的方式：是重建还是收购。

这里不能给企业一个准确的答案，因为重建和收购是企业需要结合自身的特点和市场的情况而定，所以由企业自己决定发展的方向。本书把收购和重建的优缺点通过案例都一一列出，企业可以对照案例的收购过程和重建的要点来选择。

最后，本书以国内互联网三大巨头发展的历史和布局来说明互联网创业的过程及重点，可以让创业者很好地了解现在的互联网市场的格局，这样就可以使创业者在创业的过程中少走许多弯路，从而走出一条属于自己的创业之路。

本书读者对象

- ● 互联网创业者
- ● 网店经营者
- ● 小企业老板
- ● 广告经理
- ● 网站推广员
- ● 网站策划者

本书由张昌龙组织编写，同时参与编写的还有赵红梅、宜亮、张华、王冬姣、吕琨、李慧敏、黄维、金宝花、梁岳、张驰、孙景瑞、苗泽、李涛、刘帅、景建荣、胡雅楠、焦帅伟、李信、王宁、鲍洁、艾海波、张昆。

目 录

上　篇
为多数人服务模式终结

第一章　O2O模式极速裂变

O2O模式又叫离线商务模式，该模式于2010年由TrialPay创始人兼CEO Alex Rampell提出，是指由线上的购买或是预订带动线下的经营与消费，即将线上的商务机会和线下的商务机会有机结合起来，让互联网成为线下交易的平台。O2O模式可以通过打折、提供信息、服务预订等方式，将互联网客户转换为自己的客户；同时，消费者还可以筛选服务，对每笔交易进行跟踪。这种模式很适合小企业在互联网中生存和发展，是小企业实现"小而美"的前提。

1.1　"大而全"阻挡不了客户流失

国内的小型企业都希望快速成长，成为"大而全"的参天大树；而不少的国外企业却希望做一家"小而美"的企业，甚至是做百年小企业，这是为什么呢？因为"大而全"阻挡不了客户流失，相反，"小而美"更能聚集客户，降低客户流失率。

1.1.1　发展不一定要做到大而全

"小而美"的"美"是指产品精美，具有竞争力，利润也很高。法国一家化妆品店给了答案。这家化妆品店是由赛尔的母亲创办的，他的母亲经营了40年，然后传到赛尔的手里。赛尔试图在经营期间把化妆品拓展到其他领域，于是他又创建了三个品牌，但这三个品牌都有一个共同点：每家都是"小而美"。

一位法国的企业管理人员说："法国酒庄就是'小而美'典型的企业，没有一家酒庄会盲目扩大产能，因为他们对自己的产品有着严格的要求。"反观那些为求在品类上"大而全"的企业，每年都会出现大量普通的产品。

"成长得太快，怎么保证商品的质量？"法国从事装配式房屋建设的贸易经理曾发出这样的疑问，他对中国小型企业呈几何倍的成长感到不可思议。

在中国，不少企业都在为如何做大而全的公司绞尽脑汁。国内某餐饮公司的董事长一直忙于扩大自己的餐饮连锁店，希望与外国人合作，让自己的连锁店走出国门。他还打算进入国内的文化市场，他认为做大才能让企业更好地生存，做小就意味着被淘汰。这位董事长正是不认同"小而美"的观念，企业最终以倒闭而告终。

"大而全"基本上是大型企业的专利，因为他们有足够的人力和物力兼顾到各个方向，而对小企业而言，其各方面的资源是有限的，如果每个方向的产品都想做，最后只能是各个方面都不能兼顾，没有一个能做精，这种现状是不符合当前市场的。现在的市场竞争非常激烈，产品做不好，做不精，客户是不会理你的。因此，对小型企业来说，"集中一点，小而精、小而美"是现在最有利的发展战略。这种战略的核心精髓就是集中精力，企业选择发挥自身优势的细分市场来进行专业化的经营，从而分散经营多种产品的风险。

采用"集中一点，小而精、小而美"的发展战略，小企业可以集中精力扩大某种产品的生产规模，提高其专业化程度和产品质量，通过规模经济效益来增加企业的收益,以便在市场上站稳脚跟。而且随着消费者需求多样化和专业化程度的提高,大企业更倾向于让那些专业化程度高、产品质量好的小企业为其提供配套产品。这样,小企业就能够逐渐走上"以小补大、以小搞活、以专补缺、以专配套、以精取胜、以精发展"的良性发展道路。而这种发展策略特别适用于我国企业,如今,我国中小企业数量最多,它们也是中国经济发展最具潜力的生力军。因此,无论是个人还是国家都应该重视"小而美"这种发展战略。

1.1.2　大而全公司容易流失客户

大而全的企业容易流失老客户,主要原因如图1-1所示。

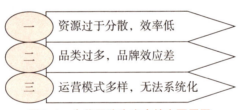

一	资源过于分散,效率低
二	品类过多,品牌效应差
三	运营模式多样,无法系统化

图1-1　大公司流失客户的主要原因

第一,资源过于分散,效率低。

大部分大而全的企业都是非常自然而然地把企业规划成一个金字塔结构,横向铺开各个业务部门,纵向展开层级,通过分工专业的细化来完成效率的提升。在前面也说过,由于小型企业资源有限,根本无法同时兼顾多种产品的生产,这就导致人力、物力在各种产品生产中分工不能细化,有时可能一人要肩负多职。然而毕竟一个人的能力是有限的,各个环节不可能都及时做好,这就会导致产品生产效率低,产品质量不能保证。在当今时代,产品上市时间和产品质量是企业的核心竞争力,如果企业为了追求大而全而放弃核心竞争力,客户自然不会再忠诚于企业。

第二,品类过多,品牌效应差。

如今，客户对产品忠诚度的高低，大部分源于品牌的名声，很多客户购买产品都是奔着"牌子"去的。比如，大家想吃方便面可能第一时间会想到康师傅，想喝水可能第一时间会想到农夫山泉。而打造品牌效应并不是一朝一夕就能完成的，品牌应该经受住大众的长期检验。只有大部分人认可这个品牌，产品才能形成一种品牌效应。大企业品牌效应的打造则是通过一个个精品慢慢积累而来的。大企业尚且如此，更何况小企业呢。因此，小企业应专注于一个精品，让精品为企业打造名声。如果企业仍然生产多种品类的产品，每类产品都得不到大众的认可，这是很难形成自己的品牌的，客户流失也是不可阻挡的。

第三，运营模式多样，无法系统化。

企业要做到大而全，产品品类是多种多样的，各类产品的运营模式也是不尽相同的。如果企业没有建立一个完善的组织结构，是很难进行系统化的。而小企业不可能有完善的组织结构，繁杂的运营模式到最后很可能会乱成一团麻。这时客户想留下来，也找不到留下来的理由。

企业如果没有能力做到大而全，而是硬撑着头皮走下去，最后受伤的还是自己——企业经营不善，客户流失。因此，小企业在地基没有扎实的时候就去追求大而全是不可能有发展的。

1.2　为什么大公司越来越衰弱

诺基亚曾经是欧洲人的骄傲，但人们现在谈到诺基亚，更多的却是伤感。在过去20年里，诺基亚是全球最大的手机制造商，也是众多消费者喜爱的手机品牌。在很多手机专卖店，这家拥有148年历史的芬兰公司已经成了手机的代名词。不过，在经历20年的辉煌之后，这家公司越来越衰弱。

不仅是诺基亚，曾经叱咤风云的摩托罗拉、索尼、爱立信等手机巨头也都没有避免被人收购的命运。商场如战场，你很难预料到市场会发生什么变故。其实有两方面的主要原因导致这些大公司走向衰弱：（1）市场原因；（2）产品原因。

1.2.1 市场原因

目前世界500强公司里的新鲜血液越来越多。调查显示，在1990年财富500强名单里，50%的1981年财富500强公司已经榜上无名；在2000年财富500强名单里，70%的1991年财富500强公司已经榜上无名。如今，估计1991年财富500强公司更是少之又少，难道你能说这些大公司的技术经验、管理经验、经营经验、营销经验等匮乏吗？当然不是。相反，这些公司就是因为太有经验了，才导致他们很难从原来的模式中跳出来，以至于跟不上时代，只能等着被时代淘汰。

从过去几年失意的大企业中发现，企业的错误更多来自于企业自身，比如，过分依赖原有的经验，没有将焦点放在用户身上，而是过度陷入市场导向，导致退潮后在裸泳。如今，互联网是一个全新的时代，原有的市场经验模式很多都已经不适应现在的发展，因此，企业应致力于客户消费行为的分析，以适应时代的发展。讽刺的是，有些企业在意识到这一点时，却往往发现自己已经丧失了创造用户的能力。

2010年以前，诺基亚是手机领域的霸主，利润率和销售量均远远高于其他手机厂家，公司的管理层对此非常满意。但这种成功却使得诺基亚在面临互联网冲击时反应非常迟钝。2012年12月，诺基亚退出了全球五大智能手机行列，这也是近十年来诺基亚首次退出前五名。2013年诺基亚想尽办法想在新一轮互联网冲击中存活下来，因为他们的管理层此时已意识到，数据时代将取代语音成为移动通讯领域的新趋势。

诺基亚为了挽回市场的形式，还采用了新的策略，决定用微软的

Windows Phone系统，放弃苦心经营多年的Sysbian系统，尽管这一策略取得了一定的成效，但还是未能挽回诺基亚的颓势。

全球著名的市场分析师指出，诺基亚在处于辉煌时期，它的管理层缺乏长远的战略眼光，没有制定出远大的发展计划，以致在竞争中受到对手的攻击未能迅速做出决策，诺基亚的管理层只专注于产品的渐进式创新，而忽略了破坏性的创新。另外，该手机的操作系统也很槽糕。无论是刚开始运用Sysbian系统，还是后来又转而运用Windows Phone系统，这两个系统都是不占市场主导的操作系统。而且管理层也没有确定用哪个系统作为诺基亚的系统，这就意味着管理层还没有意识到操作系统对于手机的重要性。

如今，随着个人计算技术的发展以及互联网的成熟，公司面临两个不确定性的挑战：一是消费者需求的不确定性，现在他们无论是对待产品和服务的口味，还是对公司的反馈速度上都变得越来越挑剔，因此，很多公司都无法确定自己真正的用户；二是技术的不确定性在增强，随着技术的不断创新，很多公司致力于技术的开发研究，因此，用户对于技术的要求也越来越多。根据美国专利商标局近年的调查数据显示，公司申请注册的专利数曲线呈上扬趋势，这或许是出于一种恐慌——同时押注多项技术，这也导致大公司研发成本的大幅上升。

大公司由于组织结构纷繁复杂，因此，在一个巨变的环境中受到的冲击要比小公司更强烈。例如，2008年1月21日，法兴银行由于一名魔鬼交易员的失误而被迫在市场上抛售700亿美元的股票，这一大规模贱卖行为引发了市场波动，从而使其损失惨重。试想，假如该交易员将这笔交易拆分成15个小公司来操作，分头出售，这样企业的损失则会降低很多。

"大企业"一词是20世纪的产物，但现在这个词似乎已经不再热门。现在公司的生存环境，一笔交易的外部成本、技术研发门槛、专业分工以及好莱坞团队建设等方面，都已经发生了翻天覆地的变化。随着企业成本的不断降低，一个公司可以用较轻的模式和较小的规模与大公司匹敌，依靠租赁而非占有资产的形式实现增长。比如，现在比较热门的打车公司——Uber，它利用互联网技术在扩展一个司机和一辆车时，几乎是不花费任何成本的。因此，在这个时代，随机应变的能力要比扩大规模更为重要。

1.2.2 产品原因

一个企业之所以成为"大企业"，原因在于它在自己的领域内取得了辉煌的成绩。但很多公司往往沾沾自喜于当前的成就，而忽视时代的发展，而没有及时赶上下一班车，企业生产出的产品不能满足新时代消费者的需求，慢慢地这些产品就不再受欢迎，最后被市场淘汰。例如，人们已经习惯了使用煤气、电灯、高清电视信号，还有家里的宽带，那这些领域的公司还能挣到钱吗？比较突出的例子就是Windows，老版本大家都很习惯了，每次微软都要为新品推出而与上一代产品进行卓绝的战斗，但大家还是舍不得老版本。

所以，当用户对产品和服务渐渐习惯后，再想改变就很难了。除非企业再生产出符合市场发展和消费者需求的创新产品，否则企业很难翻身，只能慢慢等着被市场淘汰。

从更深层的角度来看，诺基亚所面临的问题是产品研发问题。有人说诺基亚在硬件制造方面是享誉全球的，但在软件应用方面却是非常落伍。该公司的管理层还未意识到应用软件对于智能手机的重要性，因此在Sysbian系统上就限制了应用软件的发展。更令人沮丧的是，诺基亚不遵循操作系统向后兼容的惯例，即诺基亚新机型不兼容以前发布的应用软件。

诺基亚的失败足以证明一个事实：当一个产品过于优秀，那它就可能成为公司的绊脚石。作为企业的管理者，应该花费更多精力再去创造一个新产品。

中国台湾政治大学创新与创造力研究中心主任温肇东也表示，随着市场的不断发展，企业所面临的战场不断在改变，原有的优势不一定总能适合新的战场，甚至反而会成为束缚，"忘记力（Unlearn）变得很重要。"即把过去最擅长、最核心的忘掉，才能很快学到新东西。

过去的管理学理论教导我们，在战场上要专注核心，以把握机会消灭对手。但现在的动态竞争理论却是在谈：我们要学会把握机会，放弃自己的优势，以创造出更具优势的新产品！

1.2.3 衰弱后的处境

市场分析师指出，诺基亚与三星、HTC等竞争对手相比，要在微软的平台上实现个性差异化是非常困难的。诺基亚的高层想用不同的操作系统与竞争对手区别开来，实现差异化和更多的创新，但微软制定的用户界面很难让诺基亚放开手脚。与此同时，竞争对手Android平台却推出了新用户界面和应用。

如果不是受到Android的冲击，诺基亚的处境可能会好一些。科技产品都是瞬息万变的，诺基亚看到了发展的前景，但因为自满没做出及时的反应，等它意识到自己的处境，却又选择了Windows Phone系统，就给它的衰弱埋下了隐患。

从诺基亚一步一步走向衰弱的经历来看，大公司出现臃肿式的庞大后，在很多方面难以做得周全。这样很容易导致客户流失，而企业致力于"小而美"，能在某方面做精做细，赢得客户的信赖，客户的忠诚度也就提高了。

1.3　新蓝海：垂直细分领域

1990—2000年第一波互联网浪潮已基本结束，谁得到了机遇，谁失去了机遇，已经很明了了。此时大家都在思考第二波浪潮的机会在哪里，答案就是垂直细分领域。

在2000年之前，我们上网都会浏览各种大而全的门户网站，比如网易、搜狐，里面各种内容板块都分门别类、应有尽有。那是不是就意味着我们不需要其他网站了？

实际上这些门户网站的每一个板块，都出现了很多垂直细分的竞争产品，比如游戏有17173、多玩，汽车有汽车之家、车主之家、易车网等。甚至在这些垂直细分领域，又可以做到更细分、更精准，游戏就出现了一些专注于某个游戏的网站、社区，比如专注于魔兽世界的NGA艾泽拉斯国家地理。

所以，对于现在的互联网创业者来说，定位越精准，面向的用户群体越小，你的机会才会越大。

1.3.1　垂直细分领域的国内市场

目前的互联网创业，已经兴起了一股垂直细分的热潮。当一个创业者声称自己的产品"解决了一个实际的垂直细分领域需求"的时候，必定会赢来更多的赞赏与关注。

垂直细分的产品更容易在某个具体领域推广，更容易有明晰的商业模式，而对于第一次创业的人来说，也更容易寻找到目标客户群体，用户也更倾向于购买这个能解决特定领域需求的产品。

2007年P2P网贷进入中国市场，2013—2014年迅速发展。截至2014年年底，全国P2P平台规模已接近2000家，发展如此迅速，可见这个行业的吸引力。

随着行业的竞争，投资者对P2P网贷的发展也提出了更高要求，之前的融资模式已经满足不了投资者的需求，越来越多的企业开始着手建立创新模式，整个行业朝着精细化、垂直化领域发展。其中，供应链金融，成为2015年P2P行业的重要分支。

供应链金融是基于实力较强的核心企业，再根据企业的信用、融资能力与核心企业贸易的真实度来评估融资方的信贷资格，为核心企业提供服务。深挖供应链金融，将成为P2P平台之间细化竞争的首选。

利得行就是其中之一，在国内同行业中处于领先的水平，它结合企业的情况和国内的风控经验，创建了外贸企业信用评估体系和贷前、贷中、贷后的管理体系，从而有效地防止企业的潜在风险。同时还引进了国内大型的保险公司和商业保理公司，通过保险公司对产品的收账提供国外买家资信调查并承保；通过商业保理机构对投放的产品提供评估及筛选，并对平台投资人提供连带责任担保。此外，利得行还通过商业保理机构和保险公司不同程度的审核确认，将贷款人的风险降到最低，保障投资人的收益安全。

类似利得行的P2P细分平台还有很多，不少平台已经获得了爆发式的增长，因为这是行业细分的大趋势。P2P行业如此，家电行业也是一样。索尼（中国）有限公司消费电子营业本部总裁谢飚在2016 CES期间接受《第一财经日报》记者专访时认为，未来三五年是关键期，中国也将像美国、日本一样成为成熟市场，索尼彩电将抓住中国市场细分化的机遇，力争保持在中高端领域的竞争力。

谢飚还认为，与六七年前成长性的市场不同，中国彩电市场已经告别高速增长，转入竞争性市场，如果一味追求份额扩张将会带来亏损。基于中国宏观经济的现状和索尼自身的情况，他说："我们做出战略选择，做Premium（优质）市场，这是中高端市场，但我们不是只做高端，我们也有32英寸电视。"

新时代的市场是个性化、细分化、多元化的市场，必须做好行业细分，发挥技术优势、品牌积淀优势，提升客户的忠诚度，只有得到用户认可、投资者认可，企业才能持续发展。

1.3.2　如何做垂直领域里的"阿里巴巴"

不少经济学家认为，电商进入垂直领域后将所向披靡。每一个细分领域都有不同的特点，正是因为专注，垂直电商才能够做细分领域的方方面面。如果做垂直电商，只要选好了领域再构建一个商业模式，就可以做这个行业里的"阿里巴巴"。

给大家举一个例子，汽车行业算是一个很大的行业，每年的产量大约有3000万辆，保有量有1亿辆，这个规模是非常惊人的。但是，由于车的单价太高，购买时需要了解大量的指标，还需要一定的现场体验，所以在线上交易是很困难的。

二手车面对的也是同样的问题，看起来汽车行业并不适合电子商务，但是一家名为"车易拍"的公司却在2013年完成15亿元的二手车交易额。并计划在三年内冲到100亿元目标。

二手车是典型的非标准品，因为它的年限、车况、品牌、损害的程度都不相同，就造成一辆车一个价钱的特殊情况。过去鉴定二手车是一个很累的人工活，因为需要一辆一辆的鉴定，一个月能完成50辆二手车的交易已经很难了。没有经验和专业的知识是很难给二手车定价的，而培养一个成熟的检车人需要两三年的时间，这些特点就注定了二手车市场在过去是一个异常分散的市场。

首先，而车易拍开发了一个二手车简易系统，将二手车的检测标准化了，并且在40分钟内就能检测一辆车的性能。其次，车易拍还收集了20万辆汽车的样本，几乎覆盖了市场上所有的主流车型，这也使得检测的报告具有权威性和客观性，因此得到了买家的信任，从而让买家形成了"看报告不看车"的习惯。再次，在渠道方面，车易拍通过4S店、洗车店、米其林轮胎店获得二手车的卖方资源。

这样，车易拍与阿里巴巴一样，将二手车的买卖双方通过互联网撮合到了一起，而将自己做成了二手车的B2B（Business to Business，即企业与企业之间通过专用网络或Internet进行数据信息的交换、传递，开展交易活动的商业模式）交易平台。

1.3.3　垂直细分领域总结

那么关于垂直电商的例子，能够给企业带来什么启发呢？

1. 细分领域的选择

要选一个大的市场规模，至少有上千亿的规模，这样才能发展壮大。此外，选择的这个市场中的买卖双方的交集越少越好。这样的话，作为中间渠道的电商就能起到关键作用。比如，有些电商在一开始就选择了家电这种买卖方交集特别高的行业，做起来就非常辛苦。

2. 垂直领域的交易流程和产业链比较复杂

刚开始做的时候一定要选择自己能够掌控的那一段。比如，二手车的交易过程：个人卖家—卖方渠道—交易平台—买方渠道—个人买家。个人卖家和个人买家是车易拍认为自己现在没有办法掌握的两个环节。因此，只做P2P，从卖方渠道做到买方渠道。假如车易拍从一开始就B2C（Business to Customer，即"商对客"模式）或者C2C（Customer to Customer，即顾客对顾客），一定不会做起来。

3. 把核心技术掌握在自己的手中

现在看来，二手车最重要的就是检车。而车易拍将这个过程标准化，不用依赖人工。所有的报告填写和生成都靠后台的支持，人工的重要性也就下降了。不然，人员的流失会给公司造成很大的影响。

1.4　QQ、微信取代不了陌陌

微信、QQ一直占据着中国社交平台的主导地位，但在不知不觉中发现微信的对手陌陌已经逐渐成了气候，用户对于陌陌的热衷程度，已经让QQ和微信的管理层不安。曾有人说微信和QQ会取代陌陌，依现在的市场形势和用户反应看，这种说法属于天方夜谭。

1.4.1　QQ、微信、陌陌的市场环境及特点

无论是QQ还是微信，每天打开时未读的信息有80条就已经很可观了，但是你会发现在陌陌的群里，一天不登录就会有上百条未读信息，多则上千条。至于聊天的内容，不是粘贴复制的消息，也不是手打的汉字，而是语音留言。每天陌陌上未读的信息就够你看半个小时。

陌陌作为社交平台的后起之秀，已经有了自己的市场，微信、QQ再也替代不了它，那么它比腾讯高明的地方在哪里？被阿里巴巴收购后的陌陌有哪些自己的优势呢？其优势主要集中在"群"。

1. 群是开放的

群在社交平台中也不是什么新鲜的应用，微信、QQ等社交平台里面都有群。当初腾讯凭借"群"聚集了更多的用户，从微软的手中夺取大量的MSN用户；而百度也是依靠百度贴吧和百度百科从谷歌手中抢到了市场，从而拥有了大量的用户。

虽然QQ也有群，但是陌陌的群比QQ的群更加开放，即便用户不加入陌陌的群，也能够查看每个群成员的资料和空间。一个用户就算不加入任

何群，也能够通过用户加入群的树状关系，无限查询下去，看遍所有的用户和他们最近的动态信息。

而在微信的群中社交方式是比较封闭的，没有这种无限联络的关系。手机QQ群中，可以查看群主和管理员的资料，但是无法浏览所有成员的资料。

打个比方，QQ群就像是一栋楼房，住在里面的人都是封闭的，你不能够闯进别人的房间中。而陌陌的群就像是一个公园，不同的人有不同的爱好和活动，人们可以见到群里面所有的组成人员，看到每个人员或者是参与到他们的活动中。

这种无限联络的关系也贯穿了很多有名的互联网产品。比如链接网页，用户可以打开一个网页，查看里面的链接内容，然后还可以打开新的网页和新的链接，这种无限打开的动作是互联网的基础。Facebook也可以通过好友来浏览其他的用户，然后继续寻找用户的好友；微博也可以打开一个关注的对象，然后去浏览无穷无尽的用户信息。

显然，陌陌的社交方式继承了这种无穷无尽的浏览模式，成为一个全开放的群，而微信和QQ只是选择了半开放半封闭的形式。

2. 群是基于位置的

陌陌群的功能还注重与位置的结合。手机QQ和陌陌都有查找附近群的功能，陌陌的附近群是放在群的最顶部，有附近活动和附近群组两个入口。而同样是附近群却被QQ放在二级屏幕上，这让用户不容易找到。

3. 群是活跃的

QQ群还有会员设置，有会员的QQ群能增加2000个成员左右，但是成员一多，成员在交流的时候就有点慢，还限制了语音和视频的传播，甚至还有人看中了成员众多的特点开始发广告。

而陌陌群只规定在100人，人数一超过这个上线，群主就要想办法把不活跃的人请出去，这样群里面剩下的都是积极参与活动和发言的人，因此，陌陌群不像QQ群一样没有朝气，而是气氛非常的活跃。

1.4.2　什么是社交软件的本质

社交软件的本质是什么呢？下面通过几个方面进行一一介绍。

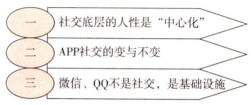

一　社交底层的人性是"中心化"

二　APP社交的变与不变

三　微信、QQ不是社交，是基础设施

图1-2　社交软件的本质

1. 社交底层的人性是"中心化"

微信、QQ属于大而全的软件，而陌陌属于小而美的软件，都是一种顶层设计的规则。而当前社交的本质其实就是BBS（Bulletin Board System，即电子公告牌系统，具有下载数据或程序、上传数据、阅读新闻、与其他用户交换信息等功能）。

BBS论坛社区有一项自顶向下的游戏规则，在此规则中话语权最大的就是管理员，管理员可以掌控每个群的生杀大权；接着就是版主，版主可以管理每一位用户的发言，通过群里面的用户，可以对成员优质的发言进行置顶，让活跃的用户获得成就感。然后随着用户的深入了解，接着要选出每个板块的版主，版主在版块下面看到好的留言可以不断地置顶。这样就有很多用户成了板块里面的小红人，大家都认识这个小红人，她的发言就有很多人去回复，这样小红人就很享受这样的成就，于是这个社区也就变得活跃起来了。

2. APP社交的变与不变

变：今天的社交平台融入了很多的元素，图片、语音、视频等，再加上其他的产品更让社交软件的元素层出不穷，这就是社交软件的变。

不变：今天的大部分社交平台和BBS没有太大的区别，在BBS诞生之前还没有"运营"这个工作，而随着上网的人越来越多，社交平台的软件也就越来越多，运营工作也就诞生了，其本质就是管理员对系统的管理和标准化的执行，就是为了建立中心化的体系让更多的用户参与。

3. 微信、QQ不是社交，是基础设施

在这里之所以说微信和QQ不是社交工具，因为我们看到微信和QQ与其他的社交产品有很大的不同。其他社交产品都是通过公司层面运营才介入用户中的。而微信和QQ则不同，它们都是腾讯的产品，做的是熟人关系，而不是陌生人。各种中心化的微信群和微社区被用户自发建立。

微信的朋友圈也是中心化的，在朋友圈里面总有那么几个小红人，他们很容易获得更多的关注，这也是用户自发形成的，不需要腾讯公司的介入，所以微信和QQ的本质是互联网的一个工具，只不过它们又在此基础上加了一层，成为一种基础设施。

1.4.3 其他的社交软件还有没有机会

微信、QQ等一些大型的社交软件已经占据了市场，那么现在其他的社交平台还有没有机会呢？答案当然是肯定的。手机的特性让很多创意进行结合，这些创意能够给运营创造一种文化氛围。想把社交做成功，关键是看怎样去运营，如何把社区做的更好，让用户一进来就能够看到软件的优质内容，感觉到活跃的氛围。

从微信、QQ和陌陌之间的竞争中我们可以看到，大而全的公司现在很难做到全面，在细分领域很有可能被小而美的公司所取代。此外，每个垂直领域都有大量的中心化社群，一个平台做的越大，在上面的红人用户也就越多。一个平台能否做大，要看他捧红红人的能力。所以在每一个垂直

领域中都有机会，只要在运营之初资源充足，就能够做好。

1.5 风投机构为何热衷于小众平台

众所周知，那些知名互联网公司背后无一不依靠着一个敏锐而又手握重金的天使投资人，如：多玩背后的推手雷军、美图秀秀背后的蔡文胜、世纪佳缘背后的徐小平。

投资者不仅有个人，还有机构的加入。2015年3月，京东金融股权众筹平台正式上线，成为首个涉水股权众筹的互联网大型企业。之后阿里巴巴试水股权众筹项目，平安集团亦斥资1亿元成立股权众筹平台——前海众筹。此前，有天使汇、创投圈等股权众筹平台率先试水。

这些投资人和投资机构纷纷加入小众平台的根本原因就是小众平台比大众平台更能取得先机。

1.5.1 股信网打造的小众平台市场

2015年3月，股信网集合股票配资与P2P融资两大业务正式上线，专注于互联网金融业务的创新和专业化。股信是业内第一个线上股票配资引入资产管理的机构，非常注重金融业务的创新。股信网在互联网金融的模式下引入资产管理、融资担保、第三方支付，为股票风控管理、融资担保、资金托管等提供全方位的服务，并以股票配置的低利率和严格的资金安全保障体系来服务线上的用户。

股信网打造安全投融资平台，利用小平台融资，引入资产管理。据相关数据显示，监管层不断加快资产证券化的进程，从2014年9月开始，IPO（Initial Public Offerings，即首次公开募股）打新冻结资金额度总体来说不断提高，分别为11900亿元、10000亿元、15200亿元、12000亿元、22000

亿元、26000亿元、30000亿元。加速资产证券化的进程，让互联网的股票配置行业迎来了全新的发展周期。

当下实体经济面临着长期通缩的风险，银行经历了多次降息，固定理财的收益也呈下降趋势。随着房地产市场的不景气，越来越多的人把房产变现，从投资分配来看，很多人的存款余额不是进入房地产，而是投资其他商品，其中，股票投资是居民理财的重要方面。

整个市场的规模、个股数量和交易量现在都处于不断上升时期，居民投资证券的意愿也在不断增强，这时通过小众平台来筹集居民资金已成为当前的趋势。股信网就是致力于专业的股票配资和P2P融资平台，在构想之初，就把金融业务和运营的互联网作为股信发展的重中之重。股信网CEO周甸园强调，在股票配资端，股信网引入了上海邦企金融信息服务有限公司作为资产管理机构对配资用户证券资产进行风控管理。

为了最大限度地保障居民资金的安全，股信联合资产管理机构设定股票的平仓线为配资资金的107%，预警线为110%，单股持仓的比例不会超过50%。平仓线为配资的107%，即股票配资人借100万元，股信的平仓线为107万元，远远超过了配资的额度，避免了穿仓的风险。

股信通过小众平台融资，把居民多余的资金通过小众平台收集起来进行股票投资，又通过担保公司来保障居民的资金安全，这也是很多居民愿意把多余的资金通过小众平台来进行投资的原因。在股信网这样的小众平台，无论是居民还是信用担保公司和股票公司，都能够从中获益。可见，小小的平台也能发挥大作用。

1.5.2　小众平台的价值

小众是以人们的某一个兴趣或爱好而划分的小群体。小众平台就是一种专门为某垂直领域的客户服务的平台，为他们提供一种与众不同的差异性需求。"差异性需求"是小众平台最主要的特色，也是其价值所在。

巴宝莉是一家有着丰富资源的公司，让其他公司羡慕不已。150多年来，这家奢侈服装公司成功的秘诀就是拥有一下子就能辨认出来的品牌以及永恒又不失现代气息的设计。而如今其决定性要素也显露出来：品牌数字化和社交媒体体验。

巴宝莉通过社交平台和新媒体，将时装秀呈现在粉丝面前。早在2012年巴宝莉时装秀，就有1370万粉丝在Facebook上观看，1649万人次在YouTube上观看，还有4.2万人订阅巴宝莉频道。此外，巴宝莉还与知名的社交网站合作，开设了走秀节目，实时播放了T台上亮相前夕的新设计，也使得巴宝莉的关注量超过了125万，让大量的粉丝获得先睹为快的机会。

巴宝莉成功地利用这些小平台将时装秀变成了内容丰富的社交体验，吸引着数以百万计的粉丝和感兴趣的消费者。巴宝莉也正是借助这些小平台，一直站在数字和社交平台领域的最前沿。

小众领域的成员很多时候在圈子外很难得到认同，主流群体惯于对那些跟自己不一样的人存有偏见，这让"小众"们很是苦恼。然而通过小众平台，那些无法与身边人交流的"小众"们可以很容易地通过网络联系到与自己有共同兴趣爱好的人，搜索到自己所关心的信息，找到属于自己的天地。当不受照顾的小众找到认同自己的群体，能为自己提供良好环境或内容的传媒时，他们会比一般的大众更欣喜，依附度更高。主动寻找自己的领域是直接推动小众群体扩大成长的前提。而小众规模的扩大，提高了小众平台的价值。

1.5.3　小众平台总结

通过股信网和巴宝莉公司的案例，我们知道很多国内外的大公司都在利用小众平台进行融资和营销，这些不起眼的小众平台在这些企业的经营管理中发挥着重要的作用，有的企业甚至把小众平台摆上了总裁会议，可见小众平台对企业的发展有着巨大的作用。

如果公司想充分利用社交媒体带来的优势，就要加强三项重要的能力：社区管理能力、内容开发能力和实时分析能力。对于不断创新的公司来说，可以将这些能力结合起来，建立一个相辅相成的平台体系，在营销部门的领导下统一运作。另外，还要注重培养数字媒体的能力，与广大的消费者和粉丝们建立起牢固的、多平台的关系，从而为树立品牌、产品营销和消费者互动带来前所未有的机会。这种致力于公司品牌和消费者体验，实现数字化和社交化的战略将会改变公司。

随着众多公司在社交平台、自媒体、网页上打造自己的品牌，他们很快就意识到，建立形象只不过是一个开始，面向多个小众平台召集和接待粉丝的方法和技巧成为一项重要的技能。

这项技能对于建立一个活跃、强大的社交媒体社区来说是至关重要的。此外，一旦访客变成了粉丝，公司就有义务听取他们的建议，并及时回馈他们的付出。管理社区需要倾听粉丝们的意见；组织并监管编辑工作，确保品牌的形象和主旨的统一性；对照业务和品牌的目标来评估品牌活动取得最佳效果。

第二章　个性化：大众化向定制化迁移

《私人订制》电影票房一路飙升，各行各业都开始意识到私人定制市场的潜力，意识到私人定制服务是个性化服务的一个方面，并纷纷推出了自己的私人定制业务。

个性化服务是指根据客户的设定来实现的一种服务，个性化服务打破了传统的被动服务模式，能够充分地利用企业的各种资源，主动地展开以满足客户的个性化需求为目的的全方位服务。

2.1　原来，世界可以有多种颜色

在不久的将来，消费者可以随心所欲地购买自己想要的家电产品，包括样式、软件、颜色、功能和其他的具体参数。而且，消费者与工厂之间没有了阻碍，从生产到运输所有的环节都是可视的，可以通过网络把一个个零件安装在自己定制的家电上。

2.1.1　市场个性化的趋势

当个性化需求愈演愈烈的时候，工业4.0的概念也随之而来。这个以智能制造为主导的第四次工业革命，对于客户和消费者而言，是强调定制和个性化的时代，是市场个性化的趋势。

工业4.0的目标之一就是实现个性化定制。2014年中国的家电市场呈现出多种新的趋势：产品走向个性化定制，智能家电迎来新的爆发，家电企业的互联网转型以及家电企业与互联网企业的跨界合作越来越多。其中，最受人关注的就是家电产品的私人定制。

长虹家电目前也专注于私人定制服务。随心所欲、自由无度地购买自己想要的家电产品是长虹进一步融入互联网的目标，根据工业4.0的特点，为用户精心打造的家电个性化解决方案，这是长虹未来发展的主要策略之一，也是在消费者与工厂之间架起的一座沟通桥梁。

以前是企业来定义自己的产品，现在是消费者来定义企业的产品。在谈到个性化定制时，长虹工程技术中心的经理说，他是一位从生产线上走出来的老工人，"制造系统要适应当前的这种变化，向个性化定制方向发展，在自动化和信息化的基础上，适应个性化定制的需要。"

2.1.2 长虹个性化电器

目前，有不少家电企业都在推进个性化的定制，但长虹是最特殊的一个，因为它将消费者的体验引领到一种前所未有的参与定制中，打造透明工厂，让定制更加深入。

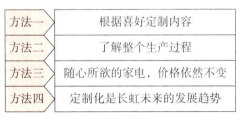

图2-1 长虹打造个性化电器的方法

据长虹技术中心的经理介绍，长虹开发电视产品时，个性化定制就是他们研究的一个子项目。也就是说，长虹现在的生产线上已经具备制造"定制家电"的能力，可以定制的参数主要包括硬件、软件、外观设计和服务四大领域，如开机画面、底座设计、造型及配送、运输时间等。

1. 根据喜好定制内容

长虹推动个性化定制的目标是打破这个行业的桎梏，为消费者打造舒心、舒适、与众不同的生活体验。比如，长虹电器开机时有长虹的名字，消费者不想要长虹的标志，用妻子和女儿的名字可以吗？然后就是开机的画面，可不可以用全家福的照片代替？再比如，配置方面可不可以增加一些硬件或软件服务？这些都是可以的，消费者可以根据自己的喜好来选择定制的内容。

2. 了解整个生产过程

长虹将会打造一座完全透明的工厂，让消费者了解整个定制化的生产过程。假如你定制的冰箱是白色的，厂家就会通知你，面框是不是做好了，材料是不是采购回来了，什么时候可以组装完成，什么时候可以送货到家。整个流程就像是消费者在亲自体验一样，让消费者看到制造的全过程。

这个制造过程对于消费者而言，就像是他能够看到生产过程一样。这样的透明工厂，就要求企业的响应速度非常快。从消费者下单之日起，企业就要设定好制造的程序。如果要达到这种效果，企业要提升制造效率，同时也要提高对采购周期、零部件制造、供应商的掌控能力和信息化的贯穿能力等。

3. 随心所欲的家电，价格依然不变

很多消费者担心，产品的价格会不会因为个性化的定制而大幅度上涨，因为无论何时价格都是主导市场的杠杆。而定制在某种程度上也意味着厂家会付出更多的成本，而这些成本就有可能会最终落在消费者的身上。

对于消费者这样的考虑，长虹的回答是不会的。长虹规划的工业4.0，

是实现高度个性化的产品升级制造，成本相当于大机器生产的成本，并不是很贵。这也意味着可以利用新的方式进行生产，越来越多低价值的生产方式会与高技术混合，可以利用一个工厂生产越来越多不同的产品。

4. 定制化是长虹未来的发展趋势

定制化这样发展下去，就越来越贴近工业4.0。个性化定制也将成为长虹的核心业务。长虹技术中心主任称，长虹有一个宏伟的目标：五年后长虹将只生产个性化定制的家电产品。而那个时候，也正是工业4.0到来的时候。

长虹能实现个性化生产的目标吗？答案是肯定的。长虹的智能制造平台在家电行业还是属于顶尖的。在工业4.0时代，长虹将会用最先进的智能制造平台，打造自由无度的个性化产品，根据不同的需求随心所欲地来定制家电。

相信在不久的将来，长虹一定会引领家电产品个性化定制的潮流。现在定制的产品已经走在时代的前沿，也是未来的消费趋势，它可以让我们看到这个世界上更多的精彩和色彩。

2.1.3 定制服务走向个性化

打开途牛旅游网的"牛人定制"频道，可以看到线路产品已经覆盖了国内所有的重点目的地，涵盖团队定制、个人定制等业务。同时，途牛还给用户展示了多种优秀的定制方案，并推荐了定制的线路。

途牛的"牛人定制"具体是如何满足客户的个性化、多样化的定制需求？与传统的标准化旅游产品有所不同，途牛推出的定制产品主要是依据游客的旅游意向，依托自身的旅游资源，给游客提供高品质、高性价比的旅游产品，让游客享受到自由、随心的旅途。途牛定制旅游的顾问团队按照旅游的路线和旅游的目的地进行划分。

当客服接单后，利用动态的打包系统，让游客提出需求到最后如何从吃、住、行、购等多个方面来满足游客的需要，如何用大数据进行筛选和匹配，如何做才能切合用户的需求，都可以在最短的时间内得到解决。

可以从饮食方面的情况来说明目前的旅游定制市场和定制服务，比如麦当劳是普通大众都可以享受的快餐，除了提供最基本的快餐外，还可以让用户根据自己的需求对二十多种单品进行搭配。而途牛就像是麦当劳，除了提供基础的跟团游之外，还有自助游和自驾游等产品。同时，途牛还可以根据游客的个性化需求，利用打包系统在80万海量产品中为游客提供满足需求的个性化产品。

2.2 一切行动以客户为中心

营销是一个以客户为主的战略，也就是说，客户是整个公司运作的核心。所以，对于客户的把握是每次企业会议的主要内容。

有一家公司的总裁在企业营销的时候作了一个小小的尝试：他四处访问每个企业在过去的一年中最大的收获是什么，有人说把10种产品成功集成为一种，有人说把某个东西从这里转移到那里，也有人说我们推出了4件新的产品，但是没有一个人提到客户，这让他很失望。

企业的利润是客户创造的，企业之所以能够稳步发展，是因为企业不仅将用户作为企业的核心，而且一切行动都要以客户为中心。

2.2.1 先了解客户的需求

大量具体的信息是了解客户的核心所在，其道理很简单：越是了解客户，就越能判断出客户的需求，也就能够为其生产出相应的产品或提供相应的服务。

比如，客户公司在资金方面出了问题；而他们采购的是什么、需要采购多少、以什么价位进行采购这些都是公司CEO说了算；如果目前他们在争取一个新的客户，他们的市场执行官不顾采购部门的意见，直接从另外一家供应商进货，理由是他们的产品虽然价格高一些，但与自己公司的方案相结合会对客户具有很大的吸引力。因此，掌握客户的信息不仅在量上，还要在质上。知道客户的组织结构是量，知道最终的决策者就是质。对客户了解的多少，能不能拿出具有创意的计划并让客户接受，这要看企业掌握了多少高质量的客户信息。

企业应该最大限度地去了解客户：他们需要什么样的产品，客户面对哪些商机，竞争的环境如何，这都需要分析客户的市场发展和定位。

2.2.2　收集客户信息

客户面对哪些商机，企业的竞争环境如何？了解客户的竞争环境和潜在商机是一个很好的出发点，它能够帮助企业找到具有竞争力的产品和服务，比如客户是想建立英特尔那样特有的生产流程，并让技术保持着领先地位，还是像戴尔那样建立高效的物流和订单式销售体系，以低成本快速地扩张市场来打败竞争对手，还是像LV一样面向高收入的消费者？

如果企业自己都不了解客户，客户自然也就不会信任企业。如何获取一些高质量的信息呢？这就要看企业或销售人员和客户的沟通情况了。如果销售员直接问客户的平均年龄是多少、公司在过去的几年内有没有索赔记录、是否因为不安全生产被相关部门点名等，客户将会如何回答呢？客户自然会对这样的询问心生厌烦。

收集客户信息要掌握一定的技巧，对陌生的客户不能开门见山询问客户信息而应先寒暄一下。对于熟人，既了解又熟悉，便会告诉他所知道的事情，因为熟人之间有了信任，他也能够帮你解决问题。所以企业或者个人应该和客户建立"熟人"关系，为了这个目标，首先要赢得客户的信任。

信任是一步步建立起来的。下面还是以采购为例，当你与客户的采购部门建立良好的关系后，他们认为你能按时、按要求出货，并且还能够做好售后服务工作。如果没有这层关系，你就得先做许多补救工作，才能够慢慢赢得客户的信任。有时候也会遇到无计可施的状况：有的客户不愿意和别人交流自己的信息，那就需要寻找帮助了。

与客户建立基本的信任关系以后，就要收集更多的客户信息。信息要足够多，信息来源也要多种多样。企业对客户了解得越透彻，就越能够满足客户的需求，客户也就会越信任企业。企业也就成了客户的合作伙伴。在企业帮助客户成功的时候，企业自然也就成功了。

2.2.3　制定针对客户的策略

优秀的企业往往通过独特的设计、产品功能、不同的产品定价策略来吸引不同的客户。像这样的企业即便市场已经饱和，也能够从细微处入手开辟出新的市场。要想达到上述效果，企业就需要投入大量的精力研究消费者的动机，确定哪些策略可用、哪些策略不可用。

卡夫作为全球第二大食品公司，其澳洲分公司透过大数据分析工具对10亿条社交网站帖子、50万条论坛讨论内容抓取分析，发现大家对于维吉酱讨论的焦点不是口味和包装，而是涂抹在烤面包以外的各种吃法。调查人员最终分析出消费者购买的三个关注点：健康、素食主义和食品安全，并发现了叶酸对孕妇尤其重要的信息。于是，卡夫公司开始针对这些信息进行营销，很快便打开了孕妇这一消费者市场。维吉酱销售额大幅增加，创造了该产品销售的历史最高纪录。

不了解客户的竞争环境，企业对客户的了解就不完整。许多行业的竞争关系就像大卫和被他杀死的巨人歌利亚一样。像大卫一样的企业总是获胜的一方，因为他的计划太完美了，让人无法拒绝。比如苹果公司的设计，就是如此。假如企业里面有一个像大卫一样的人，提出的创新就能让企业的产品脱颖而出，让大规模的广告宣传与之相比也黯然失色。这就是提出产品构想从消费者出发，最后再回归到客户本身的过程。其中每个环节都需要了解客户的真实想法。

不仅可以通过传统方法了解客户需求，有时还可以通过大数据来实现。企业要想在激烈的竞争环境下凸显其竞争力，捕捉客户需求要精确到个体，依据个体需求来提供定制化服务。大数据为这样的个性化服务提供了洞察力和行动力。

2.3　每个用户都想做VIP

每个用户都想得到VIP一样的待遇，享受更多的尊重。换句话说，就是用户想得到一种不一样的服务，即个性化的服务。

身处大数据时代，企业能够更好地了解消费者，有时候甚至比消费者自己还要了解自己的需求。但实际上，没有多少客户能真正获得精准、贴心的个性化服务。这是企业不够用心还是客户太挑剔？让每个客户都有VIP般的享受就有这么难吗？个性化服务的落脚点到底在哪里？企业如何把握消费者的个性化需求和心理预期？这些是支撑企业提供个性化需求的关键。

2.3.1　VIP就是个性化享受

20世纪，标准化的服务成就了很多知名企业，无论是餐饮行业还是旅游行业，都有著名的品牌。但是不同的消费者具有不同的需求，消费者的需求也越来越多样化，遵循标准化服务的企业发现他们的客户正在大量的流失。

标准化服务最大的弊端就是企业把所有的客户当成一个客户来对待，让客户感受不到自己的唯一性以及享受不到VIP般的待遇。而客户一旦发现有其他商家能够满足自己不一样的需求时，就会转投他家。相比之下，个性化服务在管理成本上付出更高，而到底有多高还得看个性化的程度。

随着用户需求的多样化，企业都会面临客户各种各样的抱怨，因为他们不了解客户的需求。但是，大数据时代的到来这个问题也将迎刃而解，庞大的用户数据支持能够让企业对个性化服务有更好的了解。

以呷哺呷哺为例，它具备个性化的服务特点。根据不同消费需求为客户提供不同的体验：一种是吧台式分餐制的小火锅，适合两三个人的快餐式消费；另一种则是五人左右的大火锅，适合多人聚餐，这也是个性化服务的一种体现。当然，企业要想达到千人千样的个性化服务，还得依靠大数据的支持。

2.3.2　天猫的定制活动

2012年2月，天猫在网上发起了用户定制电视的活动。用户可以在电视机生产之前对电视的边框、清晰度、颜色、能耗等属性进行选择，生产厂家按用户要求生产并送货到家。这样个性化的服务很受用户的欢迎，两万台定制的电视机在三天内被抢光。类似的定制服务在冰箱、服装等行业，也受到了广大客户的欢迎。

这些例子足以展示个性化定制未来的商业前景——为客户提供个性化的服务以满足不同类型的客户，缩短商品的设计、运输和销售周期，从而提升企业的运转效率。

了解客户的个性需求是为了向客户提供他们想要的产品和服务。首先企业需要了解客户的个人信息，进而对客户进行分类，为客户设计出有针对性的产品和服务。在这里，企业的个性化服务能否做到位，关键就是对客户信息的把握。

个性化服务的对象可大可小，小到每一个客户，他们都是一个个性化需求单位，大到一个有同样需求的客户群体。相对分散的个性化服务会增加企业服务的成本和管理的复杂程度，所以要合理地掌控个性化服务。

2.3.3　个性化服务实施的四个步骤

实施个性化服务的四个步骤如图2-2所示。

一	收集客户的信息
二	挖掘有用的核心数据
三	影响市场的数据
四	维护VIP服务的数据

图2-2　实施个性化服务的步骤

1. 收集客户的信息

企业拥有了客户的信息就如同拥有了一座金矿，这座金矿的含金量的高低，直接影响到能提取多少黄金。客户的信息准不准确，直接决定了企业能够利用的信息有多少。

2. 挖掘有用的核心数据

从客户的信息和基础的数据中提炼有用的数据进行整理，而这项操作需要专业的数据公司来实施。

3. 影响市场的数据

在企业营销后都有相关的数据显示，企业要进行响应。因为挖掘出来的数据可以应用到某个细分领域。不仅如此，企业还可以制定有针对性的策略。

4. 维护VIP服务的数据

营销方案的后续服务，是在考验企业的管理能力和应变能力。

据相关数据统计，2015年第四季度，中国在线旅游市场规模已经高达129.97亿元，同比增长54.3%。随着人们生活水平的提升，大众旅游消费升级，旅游需求的差异化逐渐显现。在这样的市场情况下，定制旅游成为旅游业的发展方向。

目前，中国市场上已经出现了很多定制旅游的公司，服务的对象是中高收入的人群。以现在市场比较好的公司为例，如7人游是面向大众中富裕阶层的，鸿鹄逸游是专门针对身价上千万的富裕阶层的，这些旅游公司都是主打中高端人群的定制。业内人士表示，高价的定制旅游只能服务小部分人，无法规模化，是其无法快速扩大市场的重要原因之一。

难道只有高收入的人群才能享受定制旅游服务吗？其实不然。随着旅游产业的发展和升级，消费者的旅行活动在不断地增加，游客的个性化需求也越来越多。旅游市场的细分化，使旅游产品呈多样化趋势发展，定制旅游的服务也在向大众方向转移。

与其他旅游定制公司不同，早在2012年途牛便推出了自己的定制旅游产品，且目标人群为不同年龄各个阶层的个性化旅游需求的用户。在定制旅游产品之初，途牛定制旅游服务的相关人员说，途牛在为大众群体服务的过程中，发现很多的旅游者更注重旅游体验，而不是走马观花地浏览。因此，针对消费者的个性化需求，途牛除了升级丰富的旅游产品外，还启动了定制旅游的服务，给游客安排更合理的路线。

途牛的旅游定制业务是从老客户开始的，他们通过途牛出游，并拥有了良好的旅游体验。在团队旅游方面，它已经有众多的定制方案，例如天柱山两日游，为上海江游定制的法英意十日游等。

定制旅游的服务除了能满足游客的个性化、多元化的旅游需求外，还可以给在线旅游的企业带来更多的利润。相对于传统的旅游，定制旅游的服务产品可谓是"金矿"。传统旅游的路线基本上都是一致的，而且利润还不到10%。定制旅游的服务关键还是个性化、独家、符合游客的心理要求。

每个用户都想做VIP，企业只有满足用户的这个需求，让每个用户感觉自己就是VIP，才能获得更多用户的青睐。其实，让每个客户有VIP的感觉并不是很困难，定制式服务和个性化的消费就能让用户有VIP般的感觉。

2.4　私人定制催生小众服务

在过去几年里，如何了解消费者的需求是每个商家都在思考的问题。如今，随着互联网、大数据的兴起，越来越多的品牌能够更好地对消费者的行为进行研究。消费者需要什么样的产品？购买产品后对产品的感觉如何？商家如何根据消费者的个人需求来定制产品？在私人定制的时代品牌又该如何推广？这些都是企业在定制时代获得商业成功的关键。

2.4.1　中国私人定制的市场

消费者对个性化的需求越来越显著，不仅体现在服务上，更多的则是对产品本身的个性化需求。中国市场最新调查显示：消费者希望产品能够个性化，最好是能够根据个人的喜好量身定制，真正为消费者做到量体裁衣。

比如邓隆创办的"非去网"，如果客户没有目的地，它也可以为客户提供不同的选择，而且还为用户推荐本地最好的酒店、美食、购物街、景点等，用户可以按照自己的兴趣选择目的地。用户选完后，他们会将所有的路线和乘车方式以及所需信息规划成一个行程表，同时生成地图导航模式，这样用户可以随时查看行程和导航。而且它还为用户提供酒店比价服务的预算系统，团购预订所需天数的酒店、餐馆和景点门票。

"一切都从交互开始，让旅游的便利性变成现实，给爱好旅游的人更好的体验。"邓隆说，他们只是抓住了市场的薄弱环节，进行大胆的创新和坚持，最终实现了小小的成功。

80后、90后的消费者将会逐渐成为社会消费的主力，这一类群体的个性意识强烈，不满足于大众化批量生产的产品。他们这种个性化的生活方式，在很大程度上促进私人订制的时代到来。

2.4.2　私人定制的小众化趋势

私人定制的产品让品牌越来越小众化，也使得消费者对于品牌的需求越来越独特。2015年的电影《何以笙箫默》开启私人定制的营销方式，让消费者边看边购买，电视机前的观众不仅能看到明星的精彩演出，更能同步从淘宝搜索与明星同款的衣服。优酷和阿里巴巴合作推出"边看边买"的购物模式，视频中的商品与购物车相关联，可以将视频中满意的商品直接放到购物车中，待视频播放完之后，网站就会自动提醒消费者点击的商品，自动选入购物车。

这一成功的模式是借助用户信息带动电商的发展。优酷与阿里巴巴合作，针对年轻顾客群体迅速推出电影中的同款产品，依托新剧来制造营销话题，成功打造爆款。由于电影的影迷和明星的粉丝多为年轻人，观看电影方式的多样化以及对购买方式可接受的程度比较高，优酷与阿里巴巴这一模式的推广，是为当下关注时尚私人定制所做的一次营销方式的创新。据统计，优酷的用户有6亿多，如果优酷实现这种营销模式，这将会实现商业定制的爆炸式增长。

随着互联网的发展，大量的互联网技术被应用到电商领域中，电商通过消费者的购物习惯和浏览的页面信息，形成消费者的大数据信息系统，并通过对消费者的分析进行分类，为消费者定制服务提供依据，确保给每个客户的都是其想要的产品。

以京东商城为例，京东的后台通过分析消费者的购买行为和浏览商品的特征来判断消费者对商品的偏好，从而做私人定制的营销。例如，用户在购买一件衣服后，网站就会提醒与其同款的其他衣服，与此同时还会提醒消费者，其他消费者在购买这件衣服后的其他购买行为。并在消费者停留页面的时间向消费者推荐他可能感兴趣的商品。

2.4.3　私人定制的市场优势

在这个时代，产品可以定制，而营销也进入了私人定制的时代。2015年年初的一则微信广告再次吸引了眼球：来自中国宝马和可口可乐的信息第一次出现在朋友圈中，由图片和文字组成，用户可以评论，形成互动。

信息流广告就是通过用户信息内容匹配技术，给符合产品营销对象的用户提供私人定制的营销。微信团队通过它的后台技术分析用户的行为和品牌的契合度，开展一次定制营销，而微信团队这样的措施，将会加大广告的市场普及化和私人定制营销方式的推广。

私人定制时代的营销是基于对客户的精准定位，满足消费者的个性需求，从而受到大众的欢迎。

2.5　向用户低头的苹果手机

有时我们不得不佩服苹果的强大，在整个智能手机市场都步入4.5英寸以上大屏幕已经长达三年之久时，苹果手机仍然坚守着单手操作的"乔布斯定律"。更加令人佩服的是，即便苹果手机的设计并不能完全满足用户的需求，但这依然没有影响苹果手机的销量。

在苹果的主要产品线中，iPad最先开始下滑，当iPad开始衰退的时候，iMac的增长也缓慢了下来，保持强劲势头的也只有iPhone。如果单从苹果的业绩来看，现在的苹果已经变成一家手机公司了。

2.5.1　苹果公司的收入

苹果在2015年第四季业绩显示，它的业绩并没有像分析师预料的那样放缓，业绩报告单还是一如既往的靓丽。它在第四季收入和利润均超过了华尔街的预期，推动盘后的股价再次大幅度增长了2%。

在第四季的产品销量中，已经放缓的iPad同比下滑了20%，随着智能手机的普及，iPad逐渐退出了市场。身处PC市场大衰退的iMac也勉强实现增长，但不能对苹果的整体业绩带来实质性的帮助，因为其营收占比只有12%。

平板市场的开创者iPad的销量不断下滑，其原因一方面是平板市场的大背景整体放缓，另一方面是受到其他平板产品的竞争。在整个平板市场放缓的同时，安卓平板正在利用机海战术和低价营销来抢夺市场。在这样的双重打击下，未来iPad的销量会承受很大的压力。

苹果销量最好的产品还是iPhone，从目前的形势看依旧如此，当苹果公司出售了4804.6万部苹果手机时，同比增长了22%，营收达515.01亿美元，总营收的占比高达62%。这个比例与2015年的第三、第四财季相比，都有了进一步提升。

苹果手机在第四财季实现增长的业务还有iTunes等软件方面的业务，相比前几个季度的收入数据，这个比例呈现出明显增长势头，但是苹果的整体业绩还是没有显著的提升。

尽管其他产品处在衰退的时期，苹果公司的总业绩还是处于增长的状态，这主要是因为苹果手机的销量急剧提升。这个现象也给苹果公司敲响了警钟：产品的业绩过度依赖于苹果手机。此外，苹果手机的增长也过分地依赖于中国市场带来的增长动力，在第四季中大中华区的营收同比就增长了99%，占总营收比例高达24%。在欧美市场增长放缓的情况下，中国成为苹果手机的主要市场。按照现在的增长速度，中国市场很快就会超越欧洲市场，成为全球苹果手机的第二大市场。

2.5.2 苹果将迈入大屏时代

苹果手机成为苹果赖以生存的生命线，因此，苹果对于市场的变化比任何时候都要敏感。单手操作本来是苹果一直恪守的设计准则，但是在智能手机市场普遍进入大屏时代的背景下，苹果也不得不向消费者低头，被动地改变自己来适应市场的需求。

在此之前，美国的媒体已经曝出苹果已经认识到iPhone手机发展所面临的不利局面，认为推出大屏幕的苹果手机是苹果手机势在必行的事情。于是，苹果2015年推出5.5英寸屏幕的大屏手机——iPhone 6 Plus。

此外，苹果还开发出了苹果电视和苹果手表，但即便苹果推出了以上几个新产品，对产品线的突破和业绩的提升所起的作用也是有限的。

苹果手机的业务要想持续增长，苹果自身就必须实现突破，2014年推出的iPhone5就是苹果在试图往下突破，而2015年推出的iPhone6就是为了迎合用户的需求，而最终改变了以前的设计理念。虽然iPhone5的销量不差，但是它始终没有满足用户对于大屏手机的需求，对手机的产量和利润也没有明显的提升。更重要的大屏手机是苹果用户迫在眉睫的需求，最后赖以生存的苹果手机只有迎合了用户的需求，苹果也因此要迈入了大屏时代。

2.5.3 苹果也开启了私人订制服务

吸取教训的苹果之后就推出了大屏幕的iPhone，通过大屏的iPhone来争夺安卓的高端手机市场。这是继iPhone5和iPad之后，苹果再次向市场和用户低头，以维持iPhone业绩和整个公司业绩的增长。

从苹果的案例中企业应该吸取经验，再庞大的公司也要依靠用户来发展，无论公司做得多么大，都要迎合消费者的需求，这样才能得到消费者的支持。那么我们怎么去迎合消费者的需求呢？毕竟每个消费者对于同一个商品有着不同的要求。个人定制时代的到来解决了企业的这个难题，它能够最大程度上迎合消费者的需求。

中华全国商业信息中心指出，传统的零售业要转行，必须依靠两个重点：一是开展O2O，实现线上线下同价和差异化；二是依靠个性化定制，利用现代的信息技术手段来分析消费者的个性化需求，满足消费者的定制。

而且在美国，个性定制也被排在美国预测的"改变未来十大科技"之首，这个预测是来源于市场的变化趋势。为了迎合消费者需求的分化和消费者价值的不同，商家正在个性化的道路上倾注心力满足消费者的各种需求。

苹果公司的设计人员认为，在消费市场细分的情况下，定位为谁服务就变得非常重要，只有在产品设计和制作方面突出自己的个性，才会有市场需求。定制服务不是个别行业的话题，还有很多产品都加入了定制式的行业服务，针对不同的需求和个性来生产不同的产品。

目前，苹果的高端定制已悄悄启动，对于将来的市场分析，我们可以从一些其他定制产品中找到依据。例如英国奢侈品定制公司Goldgenie推出了名为"Elite"系列的iPhone 6s，售价约合人民币两万元。iPhone 6s采用24k纯金打造，有黄金、铂金和玫瑰金三种款式可选。为了与真金版的iPhone搭配，Goldgenie还制作了一批樱桃橡木礼盒。2015年2月，他们发布的一款镶钻iPhone 6s售价甚至超过22万元。当然，除了iPhone 6s，Goldgenie也为HTC、黑莓等手机品牌定制过奢华版。

类似的案例还有很多，不过它们都有一个共同点，那就是依托苹果的产品，制造出符合客户的产品。

2.6 为什么经营者在模仿尚品宅配

阿里巴巴的总参谋长曾鸣认为，尚品宅配是中国的C2B（Customer to Business，即消费者到企业）模式。C2B模式是电子商务的最高境界，将大规模生产和大规模定制作了比较，企业在大规模生产的条件下向消费者交付产品，应该转化为向消费者交付解决方案，要让商品以体验为载体和消费者共同创造商品的价值。阿里巴巴的尚品宅配就是为顾客提供解决方案，而不是出售单个产品。

尚品宅配的商业模式是把少数人的定制生活变成多数人的生活。那么，怎么才能把少数人的定制生活变成多数人的生活呢？

对于一个家具企业来讲，在过去的二三十年里，家具行业为什么能够高速发展？因为供应不求，家具企业生产什么样的家具就摆在展厅里面，消费者觉得好看就买，如果想让企业对家具做什么改变那是不可能的，以至于企业生产什么样的家具，消费者就买什么样的家具。而现在，企业只做一件事情，那就是消费者将想要的家具告诉企业，企业来帮他们生产设计。

2.6.1 做好尚品宅配的五点

如何才能做好尚品宅配呢？下面介绍五点做好尚品宅配的要求（图2-3）。

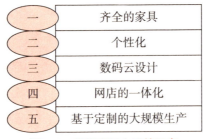

图2-3　做好尚品宅配的五点

1. 齐全的家具

从进客厅的门开始，从鞋柜到电视柜、碗柜、书柜、床头柜等所有的家具，只要是木板做的都可以进行定制。

2. 个性化

家具的设计和大小完全按照用户要求的风格和尺寸以及个人的喜好来做的。

3. 数码云设计

数码云设计就是免费为用户设计服务。这种免费服务阿里巴巴最先提供，这是一种规模化的设计服务。

4. 网店的一体化

网店一体化需要把规模生产和个性化定制结合起来。网店不只是自己在网上卖东西，而且还要求实体店配合网店。现在阿里巴巴也有很多实体店，他们给予网店配合和支持，这就是阿里巴巴的O2O模式。

5. 基于定制的大规模生产

当信息化和工业化深度融合后，企业从购买的意向中就可以知道客户的房子户型。再提出设计的需求和设计的方案，从下单、生产、配货到发货都有全程的信息库支撑。所以定制的商品也是可以规模化的，这种生产模式是低成本、高效率的，同时还解决了大规模生产和个性化需求之间的矛盾。

2.6.2　互联网推动尚品宅配

支持大规模个性化生产的就是互联网。如一个开料工具，在以前必须三人一组，一个主机手、两个副机手，主机手的月薪是副机手的3倍左右，最终导致人员利用率低。虽然工具是自动化的，但还是要输入程序指挥。人控制机器一般会出现3种情况：材料利用率低、过程出错、过程需要时间。而现在却反过来，机器告诉人们该怎么做，很多厂房都可以看到屏幕上显示的加工第几个、第几批次。

这种模式可以实现零库存，从接到订单到安排生产，供应商都是按照企业的指令进行操作，送来的材料基本一天都能用完。这样企业的资金周转率会很高。

当然，这些优势都集中在尚品宅配中。在订单系统上，所有的加盟商都可以看到客户的订单情况，如生产、出仓、还在路上等。企业还可以根据生产线上的工人来确定一天能加工多少件产品、自己的奖金和提成是多少。

这就像一个设计师在设计房子的时候，不用反复提出设计方案。只需利用云计算扫描一下客户家的卧室，把客户的信息收入进去，这个系统就有300多种方案供客户选择。

2.6.3　尚品宅配的优势

尚品宅配的生产层面：新居网和实体门店收到订单后，将订单信息发送到广州总部。在这个过程中就开始了快速的拆单和并单。数据中心可以将不同的收单按家具的材质进行分类，每个家具可以被拆为几百个零件，把相同的或是相近的进行归类。根据数据分类，工厂可以以材料利用率高为原则，将采购回来的木板切成各种规格的零部件，并贴上条形码，生产工人可以通过扫码来进行打孔操作。据统计,尚品宅配从汇集订单到木板加工、封边、钻孔等操作在48小时内就能完成。

到了发货的时候,生产工人可以根据家具的组合挑选相应的零部件,轻松地完成订单中的产品。尚品宅配从虚拟的设计到真实的产品,都是依靠先进的信息技术和生产体系来完成的,从而让差错率从原来的30%降到了3%,还让尚品宅配的配送效率提高了20倍。

尚品宅配的体验层面:在新居网上,消费者可以像试衣服一样试成套的家具,样式、大小、颜色、材料等都可以选到满意为止。如果消费者有时间的话,可以到线下的体验店体验家具体验机,它能根据客户的不同需求设计出不同家具的虚拟效果,促进了新居网的线下交流。消费者也可以根据线上的服务热线,免费获得设计师的咨询服务。设计师还可以根据消费者的要求设计出免费的方案,应用专家也可以绘制出3D效果图。

尚品宅配很注重创新。创新是企业家的具体工具,也是他们借以开创一种新的实业和一项新服务的手段。企业家们想寻找创新的根源,还需要懂得创新的原则。尚品宅配就是定位在全屋家私的数码定制上,从家具的设计到家具的生产,再到家具的配送,整个过程就是数码服务的过程。

要讲到尚品宅配的核心,无非就是定制。无论是设计师们上门测量卧房还是对户型的观察,都可以体现出尚品宅配对于用户个性化定制的重视。现在有很多建材企业争先恐后模仿尚品宅配的商业模式,如通过第三方发送信息、在线设计3D效果图等,然后再通过线下促进成交。

总之,在当今时代,企业要想高速发展,应模仿尚品宅配这种经营模式——C2B,全心全意以客户为中心,提高生产效率,为客户提供个性化服务。

第三章　社群经济：一个圈子就是一座城池

在说明社群经济之前，我们先来了解什么是"社群"。Tonnie是最早将"社群"一词作为一个专有名词提出来的德国社会学家。从社会学的角度分析，社群是在一定地域内发生的各种社会关系和社会活动，有特定的生活方式，并具有成员归属感的人群所组成的一个相对独立的社会实体。

社群由以下基本特征构成：它是以一定的社会关系为基础组织起来的进行共同生活的人群；它有人们赖以从事社会活动的具有一定界限的地域；它有一整套相对完备的生活服务设施；它有自己特有的文化；它的居民对自己所属的社群在感情和心理上产生了一种认同感，即"我是某一个地方的人"的观念。

在现代社会中，人们不只是把居住于同一地区的邻居视为社群，也把消费相同商品的其他消费者当成利益共享、同担风险、关心共同的利益与信息的社群伙伴，这就是消费社群。消费社群是一种无形的新型社群，由人们的消费模式及所消费的产品而被创造且保留下来。

3.1　社群特征：高质量高频度重合

微博的影响力越来越大，很多企业运营在以微博为代表的网络力量推动下取得了很大的进展。相比论坛和其他的社交软件,微博在媒体上更容易发挥社群效应,网民通过转发大量的信息,在很短的时间内就能引起强烈的反应。如今,微博的社群几乎成了一个言论的自由市场。

3.1.1 社群对传媒的影响

随着互联网用户的增长,网络社群也在不断地壮大,并在2012年完成了巨大的飞跃。在2011年年底,微博的用户量已达2.5亿,截至2012年年底,微博的用户数量已经高达3.09亿,增幅达23.5%,成为用户增长最快的互联网应用社群。

网络社群,又叫虚拟社群。论坛、新闻组、社交平台、社交网站等都为网络社群提供了虚拟空间。在这个虚拟空间中,网友可以依据不同的喜好结成各种不同的圈子和群组,并实时互动。

网络社群为信息的传播和分享提供了便利,网络社群的讨论形成了热点,引起全民的关注。郭美美事件、优衣库事件都是通过网络社群传播的,它们是网络社交的典型事件。

由微博引起的热门事件可以看出:微博等网络社群作为新兴的传播载体越来越受到人们的关注,独特的信息传播方式使其成为热门事件极具影响力的传播工具。从某个层面讲,微博正替代传统的社群,成为越来越重要的新型的网络载体,成为网民介入事物的重要方式。而网络社群的兴起,正改变着媒体的把关人角色。海量的网络信息,使热门事件像病毒一样传播,在虚拟的社交群中形成了很大的影响。

随着网络信息的不断发展,每个人实现信息交换的成本变得极低,社群就成了社会信息传播中的一个节点。同时,其他网络社群也成为公共舆论的空间,重新构造了信息传播的组织和传送的方式。

政治哲学家桑德尔认为,所谓的社群就是由那些具有共同自我认知和爱好的参与者组成，并且通过制度形式得以具体体现的某种安排，其主要特征就是参与者拥有一种共同的认知。在现实社会个人受到的约束是很大的，而微博网络社群的组成有很大的随意性和自由性，群体对个人的约束力不强，就促成了信息传播的自由，使信息的传播有着很高的质量和真实性。

社群的信息来源更复杂、更真实，微博既可以通过电脑发布，也可以通过移动设备即时发布。移动设备成了即时信息传播最大的节点，可以及时接受信息和发送信息，实现了信息随时随地的交换。同时微博的操作也比较简单，用户无论文化水平是高是低都不影响他们使用微博。此外，微博的功能也逐渐强大，音乐、视频、文字、链接等都可以一起发布。而且微博具有海量的用户，使其成为新闻传播的重要聚集地。

网络社群具有高度的重叠性，它打破了层级制，形成了一种碎片化的结构，其结构破坏了传统的组织方式，也打破了传统组织的信息资源优势和相应的其他资源。微博以一对多、多对多的方式传播，使得网络信息高频度地传播。微博社群就以巨大的聚集力和传播力迎来了自由表达的多元时代。

3.1.2　社群的管理和传播方式

在以微博为代表的网络社群发展过程中，企业应该构建新的传播方式，积累社群和新媒体的管理经验。构建以公众为中心的传播方式，要求企业在微博或是更多的网络社群发展的过程中设定管理措施，并在一种独立的管理制度下兼顾自由和责任。网络社群的影响主要表现在以下5个方面（图3–1）。

图3-1 网络社群的影响

3.1.3 社群营销及社群的力量

网络社群是聚集力和组织力的组合。2011年1月26日，中国社会科学院农村发展研究所教授于建嵘开设了"随手拍照解救乞讨儿童"的微博，微博一开通就吸引了16万的网民，1000余张拍摄的乞讨儿童相片在微博上传播；同年5月，上海一董事长发布微博支持免费午餐的计划，宣布微博每被转发一次就向慈善机构捐款10元，用于解决山区孩子中午用餐的问题，活动结束时这条微博被转发了20余万次。因此，微博等网络社群的力量值得企业高度重视。

如果各位想做社群，应该向蚂蚁学习，因为蚂蚁具有超级强的社群组织能力。在交流的时候弱关系比强关系要好。网络社群中平均需要通过几个人才能找到另外一个人？它遵循六度分割理论，即最少需要6次你才能寻到另一个人，这就是弱关系的重要性。网络社群中每个人的观念和影响取决于相邻的其他人，网络社群之间的影响力远远大于人们想象的程度。

如果企业想建立一个社交群，那么这个网络社群是属于众多小圈子里面的连接者。有句话能够清晰地表达社群的力量，叫"得社群者得天下"。如果企业有一万个铁杆粉丝，那就拥有超级社群，企业就成为这个社群里有价值的企业，也成了这个社群的中心节点。

不过，企业要建立自己的社群，不要被别的社群牵着走，这样你的社群才会有价值。如今判断一个企业是否成功，关键是看它是否有更多的关系、有更强的链接能力。

3.2　每个社群都有自己的护城河

阿里巴巴旗下的聊天软件"来往"最终不得不转型，因为它无法对抗腾讯旗下的QQ和微信。来往的用户有自己的圈子，而QQ和微信也是如此。当两个圈子无法真正融合的时候，阿里巴巴和腾讯的护城河就产生了。

3.2.1　社群的兴起

近年来，粉丝经济大热，于是社群又再次活跃起来了。现在所指的社群一般就是指互联网社群，也可以把它们定义成一群被商业产品满足的消费者，以相同的爱好和价值观集结起来的固定群组。社群由价值观相同的消费者组成，其特质就是去中心化，培养兴趣化，并且有固定的范围。

以豆瓣社群为例，它之所以会形成这种用户数量巨大的社群，就是因为它为消费者提供了相同的兴趣分享平台。音乐和书籍是当下人们休闲娱乐时的必选，豆瓣形成社群的特点就是这样的：一批喜欢分享快乐和人文情怀的核心用户，通过豆瓣平台的评价来了解其他用户，并且豆瓣内容都蕴含了人文主义的思想。

然而社群并不只是粉丝和兴趣这么简单，还承载了复杂的商业生态，这是社会发展的必然结果。现在的社群生态都是基于商业和产品的，以互联网为载体，跨越时间和地域的传播。如今商业社群的价值就是满足社群中不同层次消费者的需求。

一位斯坦福大学的教授说过，商业生态的理论是可以借鉴社群生态的。如一个人居住只要一间房子就行了，但是在竞争激烈的开发商中，有些人就想到了一个好招：你购买房子，就送你孩子上小学，家的周围还有各种商铺及休闲中心，而且出远门还有保姆帮忙看房。开发商通过这些附加值来增加用户的购买期望值和住房的附加值。这种做法渐渐地就会形成一个生态系统（图3-2），形成了一个生活生态的闭环。

图3-2

3.2.2 社群之间的区别

其实，社群并非一群人这么简单，也不是一群人做某件事，而是除了社群之外还有各式各样的群体。如统计群也称为社会类属，是根据人们的某一特征划分出来进行统计归类的人群。举例来说，在微博上筛选自己产品标签的用户就是一个统计群，这些人可以称之为一群人，虽然他们之间有可能互不认识，但是群内会存在互动的信息。

集群也称为聚集体，是偶然集中在一起的人，他们的社群关系是临时性的。豆瓣的线上活动其实就是一个典型的网络聚集群，在群里面有发起者、参与者，他们遵循一个主题或是多个主题进行讨论活动，但这种聚集性是临时的，活动停止这个群体也就解散了。

社群与集群、统计群有所不同，社群的成员之间既存在关系，也有共同的爱好，并且成员之间的关系是长期稳定的。例如，百度知道是一个社群，百度知道的用户分为提问者和回答者，大家一般都遵守社群里的规范来进行互动，并且以一致的互动方式来进行分工协作，实现知识共享，并且能够长期持续下去。

不同的社群对应着不同的生态。社群生态不像商业环境那样具体，而是一种抽象的概念。社群生态的形成，需要考虑社群成员的五大需求，这五大需求就是通常所讲的生理需求、安全需求、归属需求、尊重需求和自我实现需求（见图3-3）。社群的生态系统必须满足这五个需求才能运转起来，这是根据商业社区来对网络社群进行分类的。其实也可以将这种生态概念注入社群生态中，形成可视化的内容和服务。

图3-3　社群生态

3.2.3　社群的特征

每个社群都有自己的社群特点和范围，进而形成自己群体的结构和一致的群体意识。社群成员之间有一致的的兴趣和行为规范并保持持续互动。还有，社群一般不会容纳价值观念不同和兴趣不同的成员，这些特征都是在社群成立之后显现的。那么社群互动和社群特征包括哪些内容？它一般包含下面五个部分（图3-4）。

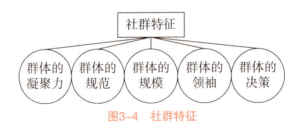

图3-4　社群特征

1. 群体的凝聚力

群体的凝聚力是吸引成员、形成社群的重要因素。在互联网社群中，它可以是一种人际关系，也可以是相同的爱好。群体对成员的吸引力、成员的利益一致性程度、成员之间的信任度都可以影响和决定一个群体的凝聚力。随着时间和社群成员的变化，社群的凝聚力也会跟着发生不同的变化。

2. 群体的规范

群体规范是普遍成员的一种行为期望，是一种默认的观念，也是一个群体的范围限定和护城河。为了规范群体的行为，每个社群都有管理者，社群的管理者在社群中的影响一般是比较大的，但是也会受到全体成员的意见约束。无论是在现实中的社群还是网络社群，都不难发现群体规范的重要性。

3. 群体的规模

群体的规模可大可小，几个人可以组成一个社群，上百万人、上千万人也可以组成一个社群，例如全球拥有24.6亿信徒的基督教可以看作是人类世界中最大的社群。

4. 群体的领袖

群体的领袖是群体的管理者，也是群体最主要的特征，它是社群出现后的一种必然。群体的领袖往往是由群体的意志和价值观产生的。

5. 群体的决策

群体的决策是成员在遇到问题时所作出的判断和决定。在群体的规范约束下，群体的决策通常会形成一套解决办法，群体往往会通过这种办法来完成群体的任务。

3.3　互联网思维

互联网的本质就是连接一切，在《互联网沉思录》中重点讲了连接的意义，通过互联网连接使信息的广度和宽度逐渐加深，现在互联网连接一切的设想正逐步实现。企业通过互联网创造的价值不一定是颠覆性的发明，而是在于给用户带来良好的体验和便利。

当小米成为手机行业的奇迹、自媒体高潮起伏的时候，互联网思维成了一个很流行的词汇，在互联网、电商等领域中进行大规模地毯式轰炸。下面通过解读小米发展来分析微商的爆发，把互联网思维传递给传统企业。

3.3.1　小米的粉丝经济

通过现象可以看到本质，小米的粉丝经济就是互联网时代的经济现象。其一切活动都来源于社群，社群推动着企业的变革和品牌的发展，企业和品牌的社群化成为下一个经济热潮。微信和微博让企业家、创业者感受到了互联网的力量。于是，企业2.0就出现了高速的增长，社会的组织形式和专业模式也进行了新一轮的再造。

小米手机创立第三年，销量额就达到126亿元，小米手机成就了一个神话。2012年夏天，一场估值达40亿美元的融资，创下了当年中国企业的融资之最；接着，小米科技对外宣布，2012年年出货量为719万台。

一家成立不到三年、产品只卖了一年多的创业公司竟然跻身百亿元企业的俱乐部，这样的成绩在全球创业公司中绝无仅有。不少人将小米的成功归结为饥饿营销，但实际上，低价、高配还难以让小米迅速成为神话。比700多万台手机销售成绩更为传奇的是500多万忠诚的小米粉丝——"米粉"。

米粉的狂热，从以下数据可见一斑：2012年4月6日，小米成立两周年，上千"米粉"从各地疯狂地赶到北京小米现场发售会，小米手机董事长兼CEO雷军在台上一呼百应。现场公开发售，10万台小米手机仅用了6分5秒就全部被抢空。

在广州、武汉等地，小米之家本来是上午9点上班，可很多粉丝在8点就到门口排队。每一家小米之家成立都会有人送花、送礼、合影，满一个月的时候还有人来庆祝"满月"，甚至还有人专门为小米手机作词、作曲、写歌。这些忠实的米粉，成为购买小米手机的主力军。

对于小米的成功，雷军总结了三个要诀：创业团队、创新和粉丝经济，而粉丝经济是其中最为重要的因素。小米手机创办伊始，雷军就描绘了一张前进的蓝图：通过互联网培养粉丝；通过手机顶级配置并强调性价比的方式吸引用户；手机销售只通过互联网销售；在商业模式上，不以手机盈利为目的，而是以互联网的商业模式先建立品牌，继而把手机变成渠道再图盈利。

3.3.2　社群经济

早期的BBS简单高效，形成了以区域、兴趣、组织等为主的早期社群模型。社群的领袖诞生于互动交流中的跟帖和发帖。帖子的内容和贴子的页面就是BBS的本质。BBS操作虽然很简单，但是发展到了瓶颈阶段。BBS的论坛无法解决网民们的个性化需求，其焦点都在内容上而不是在人的层面上。百度贴吧能够通过一种模式将BBS进行分布式运营，把BBS的社群、模式推向了最巅峰。

由于BBS模式的线性互动机制和过滤机制，导致用户的活跃度下降。同时在盈利方面也出现了困难，只是出现了社群，但还没有出现社群经济。有的企业尝试将垃圾帖子处理掉，豆瓣就属于这类产品，不过豆瓣的开放性和自由性让很多用户都固定了下来。一部分企业尝试通过兴趣疏导进入商业化，但是规模不是足够大，未能推动社群经济的崛起。人人网是基于学生的社交网络，它的出现掀起了社交高潮，汇集了全国大量的学生群体，但可惜的是，人人网没有让企业参与，也没有自己的产品和生态系统。

Twitter的发明可以说是改变了中国社交网络的现状，单双向的选择模式可以关注社会精英并让他们进入社交网络，至此中国的社交网络更加接近现实中的人群结构分层和信息流动机制。一个选择关注的按钮就改变了这一切，这也是社群经济的矢量性，这种性质让社群中人与人之间的链接方式进行了重组，并让社群的价值更接近于现实世界。如今，不同行业、不同学历、不同地域、不同价值、不同爱好的人都可以找到属于自己的社群。

3.3.3　社群经济的特点

智能手机改变了众多行业对于互联网的认知，无论是偏僻的山村还是繁华的大都市，几乎都已经被移动互联网连接起来了。

在朋友圈中经常会看到亲朋好友在微信、QQ上聊个不停，还会看到朋友们都在感叹小学生都用iPad学习和娱乐了，当人们都成为互联网世界的公民时，社群经济也是以这种状态渗透到生活的方方面面。

互联网泡沫是过度的资本追捧和网民较低的消费之间的矛盾造成的，截至2015年12月中国网民规模达6.88亿，电子商务也进入了行业的各个层面。企业可以通过社群生态链做其中的一小部分，也可以自己构建一个社群生态圈，生态内的组织模式和组织关系带动了整个经济的发展。

滴滴打车引发了交通领域的变革，小米带动了手机领域的变革，联想带来了PC领域的变革，工业4.0带来了家电的变革。社群经济实现了人与人之间随时随地的连接，实现了人与商品之间的连接。

现在的社会是一个工业化时代的社会，是一个工业化思维下建设的城市，工业化吞噬了社会的组织模式、情感模式、生存模式。我们在疯狂推动汽车产业、鼓励人们买汽车的同时，造成了可怕的城市拥堵；我们在食品工业化大跃进的同时，食品安全问题却一直处于半失控状态；我们有钱出去旅游了，但是，造成了旅游资源的过度使用和春运式拥挤。

人类的文明史是一部工具进化史，当我们越来越发达的时候，突然有一天，我们发现时间不知道去哪儿了、我们的健康不知道去哪儿了、我们的亲情不知道去哪儿了，人类过去线性的需求供给模式已经到了急迫需要改变的时候了，人类需要突破自我现实的上限和线性工业时代之间的矛盾。

即便是我们的心理学、历史学、语言学等人文学科，也在通过更物化的结构主义进行研究和生产，当我们在研究西方心理学的时候，不断地用物化的工具和工程思维去解构自我，发现自己也在不断地被物化。

与此同时，我们看到原质化设计带来的拟物化潮流，我们的手机设计元素却在越来越追求与现实世界本原的回归，跳进社交网络里，我们看到过去看似高大上的硬广告几乎没人用了，大家更喜欢对话式的情感营销模式，这一切就是互联网的人本主义回归，社群经济就是人本回归的最好载体。

3.4　用户需要自己的鲜明特征

不同的用户有不同的特征，不同的特征造就了用户选择什么样的商品。纵观现在各式各样的社交产品，很少有产品把落脚点放在用户的多样性上，这就让我们看到不同产品的用户有着鲜明的特征，而这种产品的生态圈也决定了用户是什么样子。接下来从不同的社交平台来解析用户的特征。

3.4.1 陌陌的用户特征

陌陌是一款基于地理位置的移动社交工具。通过陌陌可以便捷地发现附近的人，与人进行即时的互动，降低了社交门槛，实现更加真实的互动。因此，陌陌由弱关系主导，呈多元化形式，用户活跃，并具备真实性。陌陌用户具有三个鲜明的特征（图3-5）。

特征一	真实性
特征二	兴趣性
特征三	多样性

图3-5 陌陌的用户特征

1.真实性

陌陌与其他移动社交产品有所不同，它具有更加完善和丰富的用户资料，而其他的社交产品大多都停留在线上，不需要了解太多的用户信息，所以更多的只是一种纯粹的兴趣群组，大家都躲在手机后面与他人交流，这种信息的不透明与隐蔽性，导致了用户之间的互不信任。而陌陌与其他社交平台不同，与通讯录和微博账号相关联，让每一个用户的信息更加真实，也增加了用户与用户之间的信任度。

2.兴趣性

陌陌的第二个优势就是用户之间的兴趣聚合，陌陌群组是非常活跃的，如果附近有兴趣相同的朋友，就会进入自己感兴趣的群组里，然后聚集在一起谈天说地，而兴趣加上附近社交成了陌陌从线上到线下的最强工具。

目前，腾讯虽然看到了附近兴趣小组的巨大价值，但是已经上线的微群组无法融入到微信中，只能做一个单独的社交产品，这就割断了用户场景的联系性，无法把体验做到最好，这就给了陌陌一次崛起的机会。

3. 多样性

真实与兴趣这两个特点促成了陌陌用户的多样性。在陌陌群中要想获得关注，就要在自己感兴趣的领域中展现出自己的特点，让群组中有特点和才艺的用户能够更多地展现自己，从而获得关注。正因为陌陌很好地满足了用户的这个特点，所以它能促使更多的用户加入。

3.4.2 论坛用户的特征

百度贴吧、豆瓣等论坛的用户也有一些特征，下面对这两个论坛的用户的特征分别介绍。

1. 百度贴吧的用户特征

百度贴吧的用户永远是最活跃的，其用户特征如图3-6所示。

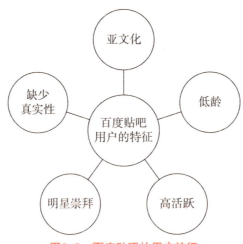

图3-6　百度贴吧的用户特征

百度贴吧能发布各种各样有趣的信息，就拿最热门的wow（World of Warcraft）来说，只要你对刷手机感兴趣，你刷一天都不觉得累，因为它里面永远都有各种搞笑的帖子。而促成这种局面的主力军就是百度贴吧的低龄用户。

而明星崇拜是低龄用户的典型特征。百度贴吧里面的明星贴吧是非常活跃的，尤其是崇拜日韩明星的，最近当红的明星贴吧的活跃度超乎想象。但是贴吧还有另一个特征，那就是难以留存非年轻的用户，当年轻人走向工作岗位、面临工作压力的时候，就很少在贴吧上面发言，他们越来越明白，百度贴吧只是他们青春胡乱释放的地方。

已为主流的亚文化是否能够从百度贴吧中走出，这是一个很大的问号。亚文化要想成为主流文化，必须要在商业上有巨大的成就。而百度贴吧用户低龄化和难以留存的特点是百度贴吧面临的最大问题，如果百度贴吧能将崇拜偶像这一块变为现实，那它就具备了很大的优势。百度贴吧的未来是O2O，如果想要在移动终端转型，则面临着如何留存更多大龄用户的问题。

2. 豆瓣用户的特征

豆瓣用户的特征很简单，如图3-7所示，就是以豆瓣小清新的格调聚集在一起，以小清新为主体，然后再与多个兴趣小组细分领域相结合，衍生出娱乐、搞笑等文化形态，建立的多个小组在互联网大潮来临之前，曾经有着极高的活跃度。

图3-7　豆瓣用户的特征

不过，豆瓣面临的问题就是在移动终端面临的微博、微信的冲击，导致近年来豆瓣小组的活跃度有所下降。

3.4.3　社交产品的用户特征

像微博、微信这样的社交产品的用户有哪些特征呢？

1. 微博用户的特征

微博的用户形态也很简单，主要分为两种：一种就是比较有影响力的用户，他们之间存在着一定的社交；第二种就是大部分没有影响力的用户，他们主要是看热门新闻的，基本上不会去社交。

成功的社交产品就是要让每个用户都有存在感，而微博却没有办法做到这一点，所以它只是一款阅读新闻的产品，因为新浪微博是按照新浪新闻的套路做的，主要是靠事件的吸引力和人物的影响力来获取大量的用户。这种做法刚开始很新鲜，但是过一段时间之后，就会慢慢沉淀下来，而且还会受到微信的冲击，所以有人预测新浪微博的用户会向订阅内容的方向发展。

2. 微信朋友圈用户的特征

有人说，微信的朋友圈就是另一个QQ空间，它与QQ空间的区别在于：微信不满足于在小圈子里面社交，而是希望与更多的人社交。所以微信避开了QQ空间把自己关在一个小圈子的氛围。微信朋友圈用户的特征如图3-8所示。

在微信朋友圈既可以和自己的熟人互动，又可以和其他圈子的人互动。而与垂直社交场景不同的是，在朋友圈中展示的是自己，能够达到让别人全面了解自己的目的。关于微信未来的发展，目前还没有哪个社交产品有颠覆它的可能。不过也不确定下一代人是否喜欢用微信朋友圈，如果不喜欢，微信也将面临着危机。

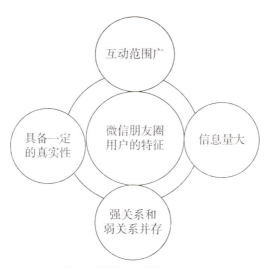

图3-8　微信朋友圈用户的特征

最后对这些社交工具的用户特征做个总结：陌陌的兴趣小组比较活跃，微信是朋友圈比较活跃，百度贴吧是亚文化和明星崇拜比较活跃，豆瓣的用户是小清新风格，微博用户则是新闻的阅读者和评论者居多。

3.5　罗辑思维：只做自己的小众

2012年12月21日，知识型视频脱口秀"罗辑思维"正式上线。2013年8月9日，罗辑思维推出"史上最无理"的付费会员制，仅半天就告罄，轻松入账160万元。2013年12月27日，罗辑思维二期会员招募，且限定微信支付，24小时内招收到2万会员，入账800万元。

罗辑思维推出的前58期视频中，每期视频的平均点击量超过100万，微信公众号罗辑思维的粉丝也超过108万。截至2016年3月，罗辑思维的粉丝已经超过600万。

罗辑思维的口号是"有种、有趣、有料"，"死磕自己，愉悦大家"，做大家"身边的读书人"。罗辑思维虽然很小众，但是它做得却很成功。

3.5.1　小众平台的切入点

罗辑思维找到了一个很好的切入点，是从小众平台切入市场的，其定位也非常简单，就是只做自己的小众，把这个小众做到小而美。罗辑思维并不是一种盈利的方式，但是从某个方面来讲，它比盈利的方式更为重要，因为它教企业如何从小的方面着手，实现公司利益最大化。

其实，罗辑思维正在进行"自商业"的尝试。他们想把罗辑思维变成一个知识社群：首先利用自身的内容产品黏性来影响和聚合兴趣相符的粉丝，然后通过限额会员制（收取会费）形成基于共同价值观的交流社群，再以社群为品牌提供社会化推广合作的基地，而罗辑思维作为品牌和社群的中间件，将二者有机地衔接起来，最终形成三方共赢的"自商业"模式。

3.5.2　小众做大了就是大众

2008年，一个加载弹幕的动画片在视频网站上线，不到一个月的时间，评论留言就超过了1000万条，然后被YouTube视频屏蔽。于是，他们又推出动画片分享服务，在不到两个月的时间内，会员的注册数就超过了10万。6个月内，网站上影片的浏览数量就超过了10亿人次，注册的普通用户达200万，付费的会员就达5万。在2012年4月，这个网站注册的普通用户就达2725万人，付费的会员也达到了162万，月收入就超过了8亿，年收入超过100亿。

这就是日本的视频网站NICONICO。NICONICO细化市场专攻AGG方向，不仅存活了下来，而且获得了很大的发展。在国内有很多视频网站基本都处于亏损的状态，那些属于个人性质的小网站，在这种情况下还能生存值得大家深思。

如果说网络视频是特殊的案例，那么轻博客则属于普遍性的一种。2007年上线的Tumblr在上线的两周内就拥有7.5万名用户，到2012年6月，发布已经超过了5900万的博文和247亿的推文，早在2011年的时候，Tumblr在市场上的估值就已经达到了8亿美元。

再比如，豆瓣在2010年的时候已经拥有1000万的用户，被评为年度最佳的小众网站，但是现在豆瓣的用户已经超过了7500万，谁还能说它是小众网站？豆瓣的成长对中国的互联网行业有着很大的意义，小众做大了就是大众。

点点网目前用户已经超过了600万，以及拥有数万名的原创用户Lofter。在腾讯和百度这样的巨头面前，点点网的市场只可以算作小众，但正是这种小众平台吸引了国内最具有活力和创意的设计师和摄影师等人才的加入。

拥有活力的用户和拥有影响力的用户在竞争达到白热化的时候将会愈发地体现出它的重要性。或许，苹果在中国发布iOS 6的时候选择了新浪微博而不是腾讯微博，从某个方面可以说明一个问题：产品的使用不仅要用户多，而且还要体现在产品的价值上，而产品价值的体现则是由用户决定的。一个低层次大范围的用户群体可能在初期会促进产品的发展，但是当产品发展到一定阶段的时候，产品势必会因为用户体验的不满意而做出改进，但那时候产品的价值也会跟着下降。

3.5.3　小众平台的优势

产品不在于规模大小，只要足够优秀，有足够吸引用户的创意和品质，那么同样也会有用户购买，也会培养出有品位的用户，从而建立自己的用户群体。

　　小众市场并不是由用户的数量来决定的，所谓小众更多的应该是反映在产品的价值上，意味着自己的产品不拘一格，有新颖的用户体验和界面；意味着不一样的市场定位。而对于大多数互联网创业者来讲，设计一款受大众消费者欢迎的产品是他们梦寐以求的。但是要面对的问题是，受大众欢迎的产品就意味着市场竞争激烈，在这样的市场下，想让企业的利益最大化是非常困难的。

　　作为一个企业，在大型社交网络中，粉丝们有太多的事情需要做，他们要抽奖、讲冷笑话，还要和客服互动，企业则运用用户之间的互动来传播自己的品牌，而不是用户和企业互动。而小众社交平台就不一样了，小众平台的高精准度的定向属性，可以精准地投放广告和举办活动，利用小平台扩散到大型的社交网络中，而不用再面对大型平台上的诸多难题。

　　小众平台不仅是一块新的领域，还有新颖的商业模式和思维模式。选择开拓新的领域并坚持下去，这不仅需要非凡的眼光，还需要有超人的勇气和毅力，这样才能打破传统的市场品位，才能长期领导市场的趋势。

3.6　知乎：表达见解的地方

　　知乎是一个神奇的网站，你可以对"偷窃"亿万富翁的私人生活表达见解，你也可以知道被袋鼠暴打是什么滋味，你还可以看到"世界那么大，我想去看看"的女主角同事的爆料。在这里，有500多人为你推荐"100元以下的高大上的小物品"；在这里，你可以了解新闻上没有的互联网公司内幕；在这里，你可以吐槽天文学、物理学的论文……

　　此外，知乎还是互联网上的《知音》《故事会》，是解读新闻热点评论的地方，是从10元到1000万元不等价位的导购网站，是对电视、新闻、文章、电影发表见解的地方，也是百度搜索不到知识的社会化搜索引擎，更是中文互联网最大的UGC（User Generated Content，即用户原创内容）平台。

3.6.1　知乎的成长速度

自2013年3月开放注册以来，在不到两年的时间中，知乎的注册用户就增长了47倍，已经达到了2000万。在2014年6月份，知乎在Alexa的排名还是2000名左右，2015年年底就已经跃升到了246名。

知乎只是一个简单的问答网站吗？不是，问答只是它的一个表面。知乎的开发者发明了一种社交问答的机制，把个人的知识、经验、历程、见解激发出来了。相对基维百科来讲，知乎没有那么严格的词条规范和字字有凭据的逻辑门槛，它是一个内容客观中立、问答更是无所不包、兼容性很强的内容发布器。如果知乎只停留在Quora一样简单的问答层面上，不可能取得现在的成功，知乎让用户可以在上面表达不同的见解，开启人们对事物见解的无限可能。

一个见解可以引发另一个见解、一个话题或是一场讨论；一个见解可以打开一个树洞，聚集故事会一样的主题；一个见解可以开辟一块热门新闻的评论区、集体爆料区等。有人会抱怨知乎上的有些见解都是答非所问，不审题，利用别人的话题来讲自己的见解。这是无可厚非的，因为发起权在自己的手中，这就注定了每个话题都有不同的见解。让提问者满意，还是让读者或是用户满意？这些都是不重要的，重要的是每个人能发表自己的见解。而且对于知乎来讲，不管提问者满不满意，知乎都会毫不犹豫地选择活跃度。

在知乎的一个专栏文章中，知乎的创始人抱怨在自己提的问题下面都是一些不着边际的见解和回答，在他自己看来，知乎应该只是一个知识问答的平台，而不是一个广征见解的社会调查机构。然而正是这些评论、见解、吐槽吸引了大量的用户，已经成为知乎不可分割的一部分。而且见解的模块可以快速生成其他的问题或话题，对于每一个热门事件、每一个娱乐节目、每一部影片都有巨大的反应。只有这样，知乎的网站才能站在网络舆论的风口浪尖，关注度才会越来越高，用户才会越来越多。

用户可能在百度头条、新浪微博、微信上看到网络新闻热点，但最后定性的见解和评论大都百川归海般的汇集到了知乎上，看看知乎上是怎么说的。内幕的爆料、热点的挖掘、深刻的分析都发生在知乎上。可见，披着问答网站的外表知乎把自己打造成了中文互联网上最大的讨论区。

3.6.2 知乎的特点

在2012年湛庐文化和《商业价值》杂志联合举办的"认知盈余能带来什么"的活动上，知乎的创始人周源将知乎作为认知盈余的典型案例。无论是百度贴吧、维基百科，还是豆瓣、译言、知乎等所有的UGC网站都在利用人们的认知盈余。可以说，认知盈余在后互联网时代就代表着生产力，网络社区的兴衰成败其实就是一场认知盈余的争夺战。

正如一位学者所言：人们利用自己空余的时间在网络上创造有价值的东西，就像几十年前医生利用业余时间写侦探小说一样。Web2.0之后认知盈余出现大爆发。

维基百科是贯穿认知盈余最好的案例，但是，在认知盈余的争夺战中，维基百科却是输给了Quora等社会化协作平台。因为维基百科对文字和文章的中规中立、言必有据的思维逻辑有限制，所以维基百科吸引的只是不求所图的理想主义者，他们就像是知识的搬运工、网络信息的过滤者和加工者，但不能挖掘出人们头脑中未有写下的知识、经验和见解。

为什么维基百科不能创造出有增量的知识？最重要的是因为它以搜

索的提问条目和已有的知识为中心，而不是以知识的贡献者为中心。虽然维基百科现在的词条撰写人数量已经达到了十万级，但这是一群没有创造力的人群，因为他们不能从现有的知识中延伸出其他的东西，也延伸不出社交关系网。要知道，内容的创造者如果得不到足够的社交激励，是不能积累自己的社交经验和资本的。认知的盈余就是衡量投入和产出的。有的学者说，如果人们关注以自我为中心的信息流，就会在互动中不断地获得激励。

而知乎可以以话题、见解、问题等形式将对同一个事件、人物感兴趣的人集中起来共同讨论，这也是知乎的一个亮点。在过去，贴吧和豆瓣小组也可以做这样的活动，但是让贴吧和豆瓣做这样的事情还不如直接提问题方便。因为贴吧和豆瓣小组需要配备吧主和组长维持秩序，还需要吸引新人的加入，需要成员之间的相互联络，在熟悉之后才开始切入正题，最后就只能形成一个排外的小圈子。而知乎把一个问题放在井然有序并且开放的环境中，就不需要秩序的维护者，活跃的程度也不会取决于维护者的用心程度，也不会担心刷屏和广告。

另外，平台都有成员的概念，有共同的价值观作纽带，就形成了一个组织，具有排外文化的特点。而且随着一个问题或者是热点出现，在火爆一时之后，就会被新的热点抢去风头。所谓成员，就是被固定在一个圈子里面的人。而知乎无论是什么粉丝和行业中的人，都可以在问题下面各抒己见，回答者也可以有新奇的见解，而围观的读者也可以给自己支持的意见点"赞"，虽然有很多知乎用户没有回答提问者的问题，但是他们点赞支持那些回答问题的，就是代表自己的见解。对于那些不喜欢表达的用户来讲，这种点赞的门槛低，更受欢迎。

中　篇
如何打造小而美的平台

第四章　产品定位：用户基因卡位

不少人认为产品定位和市场定位是一个意思，其实不然。产品定位是指企业应该用什么样的产品来满足消费者或是市场的需求，而市场定位是指企业对消费者和市场进行选择。从理论上讲，企业应该先进行市场定位再进行产品定位。产品定位能够确定企业的产品方向，能够更好地满足消费者的需求。

4.1　用户属性划分方法

用户属性能决定用户的消费方向，不同的用户有不同的属性，用户属性划分对于一个企业来讲是很重要的，是企业了解用户的前提。一般用户属性从四个方面划分：数据人口统计学分类、地理环境分类、性格特征分类和需求方向分类（图4-1）。

一	数据人口统计学分类
二	地理环境分类
三	性格特征分类
四	需求方向分类

图4-1　用户属性划分方法

4.1.1　用户属性划分的外在因素

影响用户属性划分的外在因素包括数据人口统计学、地理环境（即所处地域环境）等，下面对这两方面分别进行介绍。

1. 数据人口统计学

数据人口统计学主要从下面四个方面出发。

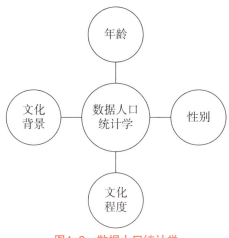

图4-2　数据人口统计学

（1）年龄。

年龄主要分为青年、中年和老年。由于青年是主要的用户群，可以对他们进行细分。不同年龄的用户选购产品时的考虑因素和购买动机都不一样，因此企业应该针对不同年龄的用户采取相应的方法，才能得到用户的认同，从而促成交易。

①青年顾客。

青年顾客的年龄一般在18～35岁之间，这群人比较喜欢新鲜的事物，没有陈旧观念的约束，追求自由生活和独特享受，喜欢购买自己喜欢的商品。购买物品时求档次、求品牌、求新、求时尚。因为这类用户购买物品时容易冲动，受外界特别是广告和朋友的影响比较大，所以企业要满足用户追求新、美、时尚的心理，在推荐产品的时候要有流行的元素在里面，并突出产品的新特点、新功能。

②中年顾客。

中年顾客的年龄一般在36～55岁之间，一般都有事业基础和较为丰富的人生阅历，他们的思想既有传统的观念，又有追求时尚的心理。他们属于理智型消费者，购买时相信自己的经验，而不太依赖广告宣传。此外，这类人的实用观念比较强，购买商品主要是为了改善生活条件。此时就要突出产品的品牌和身份地位相适应，能给家庭带来美好的享受，符合家庭成员的生活习惯等。

③老年顾客。

老年顾客的年龄一般在55岁以上，心理比较成熟、冷静。对待产品有自己的经验模式，对待新的产品往往保持谨慎和怀疑的态度。他们一般不会受广告的影响，购买行动比较缓慢。

（2）性别。

以性别分类的产品一般比较明显，比如女性一般比较喜欢色彩亮丽、清新活泼的产品，特别是衣服和化妆品，最受女性消费者的关注。

（3）文化程度。

以文化程度分类的产品是从消费者的受教育程度进行分析的，一般这种消费是对产品的价值观念的认同，所以这种属性也是需要考虑在内的。

（4）文化背景。

人的文化背景可以理解为民族和宗教信仰，如有的少数民族忌讳一些东西以及不同民族对不同颜色偏好等，企业的产品设计要尊重这种习惯，还有宣传界面可以设置他们使用的文字。

2. 所处地域环境

这里所讲的地域就是中国的七大区域，即华东、华南、华中、华北、西北、西南、东北等区域，这里主要是根据各个区域的饮食习惯、气候条件等方面进行分类。而在性格特征上，北方人比较豪放，南方人比较含蓄，在设计产品时也需要注意这些细节。

4.1.2　用户属性划分的内在因素

影响用户属性划分的内在因素主要包括客户的性格以及需求方向。下面对涉及的内在因素进行详细介绍。

1. 以性格特征分类

以性格特征分类的客户主要有以下四种（图4-3）。

图4-3　以性格特征分类的客户种类

（1）理性客户。

理性客户是以经济条件作为购买决策的人，这种客户经常会对购买的产品进行全面检查。用手机查找商品的所有资料，对购买商品有全面的了解后再进行购买，并且从多个商品中选择可能最好的一个。在现实中，因客户通常无法获得产品的准确信息而导致无法对产品进行正确的判断，理性客户通常会在网络上收集产品的相关资料。所以，大多数理性消费者可能并不愿意花费时间对商品的价值进行评估，而是花费大量时间对商品进行理性的分析。这在男性购物者中居多。

（2）认知型客户。

认知型客户往往关注购买的过程。这种客户对于产品宣传信息有一定的分析能力，他们主动收集并分析产品信息，然后根据市场可能遇到的风险来选择自己购买的商品。认知型客户与理性客户的不同在于：认知型客户能够接受商品的不完整性或不完美性。认知型客户往往通过大量的信息分析来确定适合自己的商品，这些客户不仅能够了解所购买产品的优点，还能够了解这件产品在市场上的供给情况。

（3）被动型客户。

被动型客户在购买商品的时候通常是被动的，经常做出不理性的购买决策，他们容易被低价产品和促销活动所吸引，是冲动型购买者。此外，被动型客户购买商品往往是基于少量的产品信息，对产品的好坏一般不会积极主动地查找，也不会认真分析，有时直接跳过商品优劣选择就做出了购买商品的决策。在当今的市场中存在着大量的被动型客户，多以年轻女性为主，她们一般会为商家推出的各种促销活动所吸引，并且经常乐此不疲。

（4）情绪型客户。

情绪型客户一般不会了解市场和产品信息，决定他们是否购买的因素是购买时的心情和直觉，这类客户把满足情感需要作为购买商品的主要条件，他们对选择结果带来的益处比其他三种类型的消费者看得要重要，如在购买汽车时，这种类型的客户会关心购买的汽车所带来的社会认可度。相比汽车的性能和安全性，他们更加关注汽车的品牌认知度。

2. 需求方向分类

人的需求方向主要包括以下四种（图4-4）。

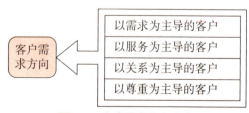

图4-4　客户需求方向分类

（1）以需求为主导的客户。

以需求为主导的客户，只需要从实用性的角度出发去设计产品即可。

（2）以服务为主导的客户。

以服务为主导的客户属于热爱体验型的客户，这时就需要提供产品之外的一些服务。

（3）以关系为主导的客户。

以关系为主导的客户是通过朋友的影响而去关注产品的，对于这类客户服务标准同上一条。

（4）以尊重为主导的客户。

以尊重为主导的客户要求的是尊重，企业在设计产品时，要充分考虑这些客户的想法。产品不仅仅让客户看到，还会被客户的朋友看到。

4.2　市场并不是无限大

市场对一个产品的需求都是有一定的规模，并不是无限大的。我们先看一下微信、微博、陌陌的数据。

2015年10月，腾讯微信团队公布了2015年微信白皮书，对微信的过去、现在和未来进行了解读。在2015年9月，微信的日均登录用户达到5.7亿，在社交领域微信也是持续增长。在用户的年龄构成上，15～29岁的微信用户占到60%。

微博作为最大的社交公共信息传播平台，2015年微博用户的月活跃量突破2.36亿，移动端用户占比88.7%。

2015年11月，陌陌月度活跃用户人数与2014年同期相比增长了21.3%，达7300万人。

上述三家社交平台用户数据加起来也没有超过9亿，这个数据说明了用户的数量是有限的，对于其他一些小的社交产品更是如此。

4.2.1　个人收入因素

消费者只有有钱了才能够消费。根据消费经济学定律，在供给充分的条件下，由人们的需求来决定消费额，而人们的需求又是由消费者的收入水平决定的。在产品价格不变的情况下，收入就成了消费者的需求和消费行为的主导因素。收入不仅影响消费者的消费水平，还能够直接决定人们对于消费合理化的认可程度。

从居民的收入水平来说，我国的居民收入是逐渐增多的，而且可支配收入也是逐年增长的。从2000年以来，居民的平均收入和可支配收入增加很明显，特别是进入了2008年，增长的速度越来越快。到了2010年，有的居民月收入就达到了17988元，增长了165倍左右。但这只是少数地区或是一线大城市居民的收入，还有的地区居民月收入不足2000元，这么大的收入差距注定了产品消费范围比较小。

另外，2014年以来，我国内地的房地产很不景气，已经低于当初的预期，加之国内产能过剩，我国的经济面临着下滑的压力。从当前经济运行的环境和形式来看，我国的GDP增长会低于预期的目标，2015年面临的国际经济环境复杂严峻，导致出现投资下降、企业库存和经营困难等问题。而经济的下降会导致物价上涨，物价上涨后，人们对产品的需求就会相应减少。

4.2.2　企业因素

随着市场竞争的加剧，服务已经不属于一种营销手段了。它现在已经成为产品的重要组成部分，受到越来越多企业的重视。一个企业服务质量的好坏，能够反映一个企业的竞争力和营销水平。纵观国内一些著名品牌和全球的知名品牌，如可口可乐、华为、海尔，都十分重视服务。提高服务的质量是增加产品附加值的重要途径之一，很多产品尤其是耐用品，如汽车、家电等，在消费者购买产品后，其售后服务也是非常重要的，因为服务是产品价值的部分体现。

为什么消费者买家电的时候首选海尔？是因为海尔的质量比其他的家电产品质量要好吗？这个无从得知，一般来说家电产品的质量差距是很小的，买海尔除了是因为它的品牌外，还有就是海尔的售后服务好，让海尔的消费者感觉物有所值。其实这种服务在无形中还增加了消费者对产品的信任，而且还能很好地培养用户对品牌的忠诚度，因为消费者在企业服务的过程中体验到了超越产品本身价值的乐趣。

4.3 产品系列易精不易多

企业在设计产品的时候，尽量少而精。以苹果公司为例，苹果公司始终坚持精简的产品线，消费者的选择总是"有限"，但是，苹果在用户中的口碑一直保持领先。精简的产品线让公司将少量的东西做精、做好，这成就了iMac、iPod、iPhone、iPad等产品的全球风靡，让公司获得了关键性的成功。

4.3.1 精品少系列的好处

产品系列少，公司才有足够的精力做一款产品，打造出企业的爆品。如今，爆品战略成为一种新的商业规则，各行各业都在打造一款具有极强竞争力的爆品，而爆品的前提在于精，因此，打造精品是企业现在应该采取的策略。

与苹果相似，中国的华为手机不仅在移动互联网手机的浪潮中存活了下来，而且还发展了国外市场，在国外也拥有了不少用户。在2016年3月份华为的手机销量已经超过了小米，成为国内销量排名第一的手机。华为之所以取得如此辉煌的成绩，产品系列少是它成功的因素之一。在华为生产手机的十几年中，它的手机只有三大系列：荣耀系列、Ascend系列和Gold系列。

以华为的P系列来说明它的发展之路。P系列是华为三大系列中Ascend系列的分支，它是主打高端时尚的手机。华为P系列手机对于消费者来讲有一种难以抗拒的魅力，以华为P8ma为例，当零售店的工作人员把华为P8ma的海报和样机摆在柜台的时候，受这款手机的影响，整个零售店变得门庭若市，消费者纷纷前来体验这款手机，然后踊跃购买。

这种门庭若市的场景和华为刚刚步入手机市场领域时的默默无闻大相径庭。凭着对手机产品的"精品少系列"战略，华为不遗余力地研发产品和塑造自己的品牌，终于获得了成功，取得了手机行业令人羡慕的成绩。根据GFK的数据显示，2016年3月华为手机以14%的市场份额保持国内第一的位置。同时，它的平均零售单价比去年提高了近一倍，华为以26%的品牌关注度领跑中国的手机市场。

总之，产品类型不在多而在精，只有精品才具有强大的竞争力，只有精品才能在激烈的市场竞争中站稳脚跟，只有精品才能收获众多忠诚的粉丝。因此，大家应该学习华为这种致力于少系列，只做精品的经营策略，从而获得好的口碑，赢得众多忠诚的铁杆粉丝。

4.3.2 华为手机的P系列

在这张全是优秀的成绩单上，华为P系列在其为数不多的手机系列中是具有代表性的。正如华为P8ma的广告语一样"似水流年"，P系列的成功是华为成功的缩影。

华为P系列的理念就是"将用户对手机最基本的要求满足"提升到"用手机来满足用户的审美需求"。华为P1、P2两款手机充分代表了这一理念。这两款手机都有精美的外形，在市场上销售的时候很难让人相信是本土打造的品牌。

2013年6月，向瑞士高端手表品质看齐的华为P6在英国伦敦正式发布，并在欧洲获得具有分量的移动终端大奖。在经历P6成功后，华为又在2014年5月份在巴黎发布了P7，这次华为在摄像体验和网络连接上再次挑战行业标准，该机不负设计人员的期望，获得欧洲年度最佳消费者智能手机的称号，并在挪威最具价值的产品评选活动中成为唯一夺得"最具购买价值"称号的智能手机。

如果说华为P6、P7是对完美的挑战，那么后来步入市场的华为P8、P8max则是对完美的最好诠释。尤其是华为P8max，它除了与P8有着一样的金属外形和处理器、操作系统外，还独有6.8英寸的大屏幕，这就成为这款手机的标签。另外，P8max还注入了导热的合金器材，这种材料一般是在高性能跑车的前灯中使用，它的导热性能是不锈钢的10倍，这样就能为手机迅速散热。P8max的电池是4500毫安，还能够支持反向充电，不仅如此，它还能够帮助其他产品充电。这项功能使华为P8max成了一个移动式的电源，再配合华为的省电技术，华为手机的续航能力变得很强。具有关数据显示，华为P8max在上市不到一周的时间，便成了份额上升最快的手机。

华为一直围绕着自己的"精品少系列"战略进行转型，而研发技术的投入程度就能够反映产品转型的速度。华为内部数据显示，华为将每年总收入的10%～15%用于手机的研发和创新。就在2014年这一年中，华为在手机研发方面的费用约为408亿元，占2014年销售收入的14.2%，比2013年增长了29.4%。在华为前10年中，华为用于研发手机的费用已经累计达

1880亿元。在2014年申请专利中，华为申请的专利达3442个，在全球公司中排名第一，并且有90%以上的专利为发明专利。

此外，华为还广纳全球的人才，在多个国家都建立了研究所，为产品的研发和品质带来了保障。华为还在中国、美国、英国、俄罗斯、德国等国家建立了18个研究所，集全球不同地区的优势来打造自己完美的产品和服务。而且华为在巴黎还设立了美学研究院，高价聘请法国的品牌设计师设计引领时尚的产品。

华为P8和P8max就是依靠自主的强力研发诞生的，这两款手机主打的是"指关节截屏"。现在，市场上手机截屏的方式都是用音量键或是开关键为主，截屏的时候容易因操作失误导致关机，而且截屏后对截屏的图像进行编辑也十分麻烦。

为此，华为的研发团队在多次研发之后，大胆地提出了业界的首次设想——用"指关节截屏"的技术创新。该技术如果使用手指甲或是手指点击屏幕都没有反应，这主要是为了避免操作失误；而如果用指关节双敲屏幕，即可完成全屏截图的操作，如果对屏幕画圈则可以完成局部截图的操作。这样的设计让用户从此所画即所得，对于手机的操作更容易上手。

4.3.3　制定少系列产品的战略

华为手机还有一个优势，就是它只有一个系列手机遍布全球的通信网络，这也是它主张少系列积累下来的优势，如果它的产品系列过于繁多，肯定出现不了遍布全球网络的局面。有数据显示，华为的服务已经遍布全球180多个国家和地区，这些都是由一个系列的产品打开的全球通道，所以华为的P系列手机进入市场也就水到渠成了。

此外还有数据显示，华为的市场手机份额在全球已经占到了第三，在中国的市场份额已经超过了苹果和三星，成为国内市场份额第一的手机。

不仅如此，华为手机的市场份额在全球的各个国家都超过了15%，这是世界前几名的水平。而华为在这些国家出售的产品系列都没有超过两个，可见，华为除了勇于创新外，它的"精品少系列"应该是成功的一大关键。

如果经常在国外出差或是旅游的朋友们会发现，无论是在机场还是在路旁，经常会看到P系列的手机或是广告语。如今，华为不仅在国内排第一，在国外也有一席之地。这正是因为它的"精品少系列"战略和口碑，使华为P系列手机在全球都受欢迎。

4.4　90后的消费观念

90后，是一群具有活力的消费群体，是市场消费的巨大潜力股。那么90后的想法是什么呢？他们有什么爱好呢？90后自我意识强，喜欢不一样的装扮，喜欢非主流，喜欢夸张的个性。90后的消费观念一般都很超前，消费的欲望也比其他年龄段的人要强，他们也即将成为这个社会消费的主流人群。解读90后的想法和消费特点，有助于理解这个时代的消费观念。

4.4.1　90后的生长环境及特点

90后的消费者，16～25岁之间的学生居多。他们不喜欢墨守成规，喜欢新颖刺激的生活方式，与前几代人的生活习惯相比，他们多了一种生活方式，即网络生活。90后一般有着相同的特性：叛逆、不受成规的束缚、有着强烈的自我意识、不在乎别人的看法、向往自由和娱乐的生活。

90后是伴随着高科技成长的一代人，对于高科技产品的消费热情度很高。所以他们是自主消费的一代，是以科技消费为主的种族。90后又出生于网络时代，天生就喜欢网络，对以网络为主体的消费非常喜欢，依赖性也很强，他们喜欢网上购物，网络就成了他们经常消费的平台。90后注重消费的过程和内心的感受，这种消费者注重产品品牌蕴含的价值和感官体验，以此来调动他们内心的情感，如时尚、够炫酷、够好玩、潮流等。

面对互联网的高速发展，如果企业不想在移动互联网时代被90后的消费者所遗弃的话，现在已经到了不得不进行品牌重塑的时刻了。因为互联网的品牌对于90后来说有着很大的品牌价值。

今天为什么微信、微博、美图秀秀这些产品让90后趋之如鹜？而豆瓣、人人网这些曾经风靡一时的产品却失去了原来的魅力？同样，华为、小米、苹果为什么成了90后首选的智能手机，而诺基亚、索尼不再被提及；还有耐克、鸿星尔克一直能够引领时尚，而安踏却被90后所遗忘，等等。出现这些情况的原因很简单，一个品牌成功与一个品牌失败的区别就在于对消费者的认知程度，以此来抢占更多的市场份额。

4.4.2　90后不一样的思想

在移动互联网影响下，消费者的心理和行为也发生了很大的变化，消费者的需求由物质向精神和象征意义的方向转移。当物质产品充满这个世界的时候，人们的需求就转向了情感的索取和精神产品。消费者的消费心理由需求、环境和文化三个部分组成。这三者的变化发生在人们的内心深处，对消费者的影响是巨大的。消费心理的变化也势必会导致营销思维的变化。

想要用营销策略去打动90后，就必须去了解他们的想法，洞察他们的心理需求。从他们的价值观和情感需求、对产品品牌的好感入手，定制完善的营销策略、定价策略和沟通渠道。而不是简单地去向90后推荐新潮、时尚的产品，这样贸然迎合90后消费者注定会失败的。

这需要企业们重视90后鲜明的自我意识，他们坚持自己的想法，在自己认定的事情上一般不会妥协，在90后日常消费的生活中，他们优先考虑的因素就是"我"，我想要、我喜欢。他们在消费上以自我为中心，强调自我的重要性，同时也通过消费来满足自我。

虽然他们消费时自我意识很强，但很少会有人进行冲动消费，他们在消费的时候一般会表现得很理智。90后喜欢新鲜的事物，对于新产品会做出一些低成本的"尝鲜"消费。虽然90后关注自我，但是他们更加注重人的个性与自由，对于不同消费行为和观念表现出包容的态度。同时90后还是具有创新精神的一批人，他们对新鲜的事物很感兴趣，也有能力去创新。90后对于新鲜事物的接受程度和开阔的视野，使他们有能力提出自己的见解并加入到消费的决策中。

4.4.3　针对90后的营销方式

随着时代的变化，企业的营销方式和策略都需要做相应的转变，下面介绍一下企业为什么要做一些相应的转变。

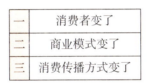

一	消费者变了
二	商业模式变了
三	消费传播方式变了

图4-5　营销方式和策略转变的原因

1. 消费者变了

90后成为了不折不扣的全球消费主力。与以往的消费者相比，他们的个性意识更强，也更全球化，掌握更多的科技知识，他们相信自我的判断和朋友之间的交流，这些都远胜于广告对于他们的影响。

2. 商业模式变了

O2O是未来商业发展的唯一道路已经成为业界的共识，社交网络、电子商务、二维码等一系列的科技对零售业产生了颠覆性的变革，过去的零售只是以渠道销售，现在是以消费者为中心的销售模式。

3. 信息传播方式变了

在移动互联网时代下，微博、微信等社交产品颠覆了传统的广告投放方式。内容营销和人文营销取得的成果也越来越大，"广告就是内容，内容就是广告"的理念已经成为主流。

所以企业要借助于网络工具，提高消费者对产品的了解，再转变成终端服务的体验模式。当然，消费者对于服务的要求变得更加精细，这需要企业将产品与服务的周期拉长，从而在服务上获得收益。

4.5　只专注于发烧友的小米

2010年4月4日，雷军与原谷歌工程院副院长林斌共同创建了小米科技有限公司。他们创办小米的意图就是要打造一个中国式的苹果手机。从手机的硬件、软件到互联网服务，三者的发展计划都在雷军的考虑范围之内。

有了详细的计划后，雷军每次找投资人，都会将自己未来的商业计划详细地描述一遍："做中国式的苹果而不是复制苹果"。苹果有了乔布斯，所以苹果的成功是必然的，但也充满了很多偶然的因素，雷军称苹果的成功在于苹果的极致。而小米的基因决定了它是一家互联网公司，互联网公司多是通过自己的软件和服务赚钱，而不是通过硬件来赚钱，所以，雷军称小米要做的就是集大成者。雷军没有想过用硬件来赚钱，虽然小米曾被认为是一家只是会做手机的公司。

4.5.1　做手机就是要玩得极致

小米的第一款手机在主核方面采用的是双核1.5G，这样的配置就决定了小米是当时手机市场主频最高的智能手机。即便当时最好的手机iPhone4

也是采用单核1G主频。另外，小米的手机还采用了图形芯片，能达到每秒8000万的三角形感染能力，并且拥有1G的RAM和4GB的ROM，并支持32GB的存储卡。

此外，小米屏幕采用的是夏普的屏，分辨率能达到820×440，配备的4英寸的屏幕，可以在阳光下直视。而当时的iPhone4是3.5英寸的屏幕，三星则是3.7英寸的屏幕。另外，小米的手机电池容量是1900毫安，比当时手机市场上最大的智能手机电池容量还大400毫安，并配有800万的像素和2.2的光圈。雷军在小米发布会上强调，小米做手机就是要在大屏、双核、电量大三个方面做文章，这样产品一出来就能秒杀竞争对手，这样做手机才有意义。苹果手机强调的是时尚和用户的体验，而小米强调的是硬件的配置和高性能。

雷军说做手机就是要玩得极致，所谓做极致，就是先把自己逼到绝路上，然后再超越竞争对手，这就是小米在精神层面上的诉求。

4.5.2　小米对用户的定位

在新版的小米手机上，细心的"发烧友"会发现，小米集成了APP Store功能，已经实现了部分APP平台的接入。雷军称未来在小米的应用商店中应用会越来越多，而且小米会让专门的人员来审查这些快要上架的应用软件。

在创造理念上，乔布斯参禅，在家中打坐学习佛法；而雷军练的则是阴柔之道，中国的阴阳调和。中国的"顺势而为"是乔布斯坐禅无法参悟到的。雷军做小米手机讲究的是"亦快亦慢"，服务上"快即是慢"。新版的小米系统每周都会更新一个版本，从安卓2.2到安卓2.3版本，小米也只用了两个星期的时间。根据用户的体验，小米对产品不断修改，让用户购买得踏实、安心。

雷军认为，手机在移动互联网时代竞争的是硬件、软件和互联网服务所组成的三项竞赛，用户不会因为产品某一个方面突出而选择这个产品。

手机能从四个方面看出成本，分别包括起价、制造成本、良品率和维修成本。产品中看不见的成本要比看得见的成本多，小米即使靠大量的用户规模来赚钱，它的手机售价也是1999元，这样的价格在前期的确是很难熬，雷军透露每部手机的利润也就四五百元。

据雷军说智能手机市场的渠道成本一般都占到了手机单品售价的一半以上，而每部智能手机的促销成本大约在1000元以上。小米手机一直不做线下推广，只在小米官网上销售，就是因为考虑到销售渠道需要大量成本。雷军向消费者坦诚，以前小米手机的库存和物流配送都是由凡客诚品提供支持。如果小米做线下销售，小米手机不可能只卖1999元这个价位的。

4.5.3 发烧友对小米的贡献

在谈到一个没有成果的研究团队是如何得到优秀供应商支持的时候，雷军说，小米公司有原摩托罗拉的高级总监，以前为摩托罗拉发明了很多的专利、还有北京大学工业设计系的主任等，除了这些优秀的团队成员外，他们靠的就是诚恳的态度。雷军透露在日本核辐射泄露后，他们是第一个去看望日本夏普的，当时日本夏普很感动，就这样日本夏普就为小米提供了小米研发所需要的一部分材料。

尽管他们没有足够的成本空间做线下销售的渠道，但是他们在做线上销售的时候有一套很好的办法。雷军说："一部能让发烧友喜欢的手机就有可能成为畅销的手机。"电子消费走到今天，已经是发烧友在引领时代的时尚和潮流。手机只要讨得发烧友的喜爱，就有可能成为受大众欢迎的产品。所以，雷军对小米的销量一点都不担心，因为他们的手机就是为了发烧友而制造的，而发烧友就是意见领袖人群，他们可以影响一大群人来消费。

小米曾经发起了一个"我是发烧友"的活动，在一个月内就有60万人参加。经过对这个活动的数据分析，发烧友最喜欢的年度手机都是当年最畅销的手机，其中苹果就获得过三次发烧友心中最好的年度手机。根据这个分析，雷军更断定了要靠发烧友来领导小米手机消费的信念。

4.6　为什么乔布斯时代的苹果只有两种颜色

关于苹果的颜色，在很久以前乔布斯就给了官方一个定义。在1983年8月的一个电脑软件发布会上，还是一副年少模样的乔布斯说：苹果是红色的，IBM是蓝色的。从那个时候开始乔布斯将蓝色定义为美国著名的电脑广告商所预言的那个阴沉、单调的未来世界，它正被一个穿着红色运动装像一团生命之火跑来的女子，挥动着大锤砸碎了统治人们思想的屏幕。

4.6.1　颜色的意义

通常情况下，蓝色代表的是规律和理性，红色代表的是叛逆。在成长过程中受到思想浪潮冲击的乔布斯从苹果公司创立之初，就把自己放在了以IBM为代表的合理化牢笼的对面。20世纪70年代末的美国，一个全是职员的国度，来自各个洲的人们都涌进了大城市，住进了笼子一样的办公室。在短短的几年时间里，很多人都买了汽车、电话和电视机，甚至高档的小区也不再是遥不可及。在那时，失业成了不可能的事情，每个人的面前都是一条康庄大道，仿佛只要做理性的自己，就可以拥抱成功。

在《苹果模式》一书中，作者开篇就指出苹果的模式是不可复制的，刻意去走苹果道路的人，99%的人会得到乔布斯当年所遭遇的命运，被遵循商业理性原则的董事会驱逐出去，而且能够像乔布斯那样从头再来的更是万中无一。

是什么成就了今日的苹果？库克给出的是两个词：乔布斯和酷。这个答案却引向了苹果的另一种颜色：白色。

苹果的几乎每一款产品，都会在苹果的包装盒中送两张白色的苹果贴纸。因为这是白色的苹果，是苹果追求的设计和唯美象征的符号。苹果的轻灵和简约是无可挑剔的，从设计的角度来讲，这与以沉重的黑色为主色调的现代机器形成了巨大的反差。而苹果所张扬的小众趣味，也是对20世纪高效率主题的一种反衬。

尽管白色的主题色一直存在苹果的基因之中，但在最近10年它才受到大众消费者的认可，进而成为一种区别于微软、谷歌的全球文化符号。像乔布斯这样的优秀的人，他支配的权利来自于对颜色的文化想象，一种浪漫的主义，一种夸大的非理性的个人主义。在这个审美疲劳的时代，这种不一样的色调显得别具一格。

4.6.2　乔布斯赋予苹果的颜色

有人说苹果的成功不是一种典型的成功，它只是消费者对于20世纪理性主题的厌倦积累到21世纪的一种爆发。和青年时代的乔布斯一样，每个人心中都藏有改变世界的梦想，但在很多情况下，因为这样或者是那样的原因，人们就过早地选择了妥协，接受了被现实改变的命运。

人们就按照这个社会的规则来修剪自己的斜枝，认为只有这样才能把成功的可能最大化，但是在人们的心中都藏着乔布斯一样的自我，追求完美，不被世界改变。

消费中的人们以为可以凭借着苹果摆脱理想的惯性路线，但现实却是，在这个全球化的时代，金色是受尊敬的宠儿，永远也不会老。但是，乔布斯的强大是无可比拟的，依他自己爱好，决定了苹果的两种颜色：黑色和白色。但是这两个苹果还是与众不同的，对热爱苹果的人来说也是与众不同的。

在这种意义上，乔布斯成了一个符号式的人物，也成为苹果的一个特质。随着苹果公司规模越做越大，它的颜色也慢慢地发生着变化。实际上，苹果越是成功，它离竞争对手越远，将流水线发展到组装厂，保证了iPod让竞争对手无法想象的低成本。在此之后，苹果越来越散发着金属的光泽，想变成一个金色的苹果。

在苹果金色没有出来之前，苹果的通用产品只有两种颜色：黑色和白色。金色是乔布斯去世两年后，在2013年iPhone 5s上市的时候首次尝试的颜色。刚出来的时候很多人对这种颜色感到很惊讶，当然也有人赞成苹果这个决定，他们认为这又是苹果的一次大胆尝试。但是苹果公司的人员没有解释这种被美国人民认为是炫耀浮夸的颜色，怎么就成了苹果的主导色之一。

4.6.3　苹果颜色的转变

在2014年，苹果推出了更多的金色产品：金色的iPad Air 2和iPad mini 3。在此之后，银色和黑色也成了苹果产品的标准配色。不仅如此，苹果的低端产品有着更多的颜色可选，如iPhone 5C有蓝、粉、绿、黄、白等5种颜色可供选择，iPod Touch有6种颜色可供选择，iPod Shuffle有8种颜色可供选择。

与此形成对比的是，苹果在2003年发布的平板电脑是白色的，价格是让人们瞠目结舌的1800元。iMac不再是苹果旗舰产品已经很多年了，但没有变化的是乔布斯去世后，苹果的颜色一直由市场的需求指导。除了苹果手机在销售的时候占大头这一点外，还有唯一不同的就是苹果将自己的目标市场放在了亚洲。但亚洲人对颜色的偏好和欧洲人不一样，尤其是在日常用品和奢侈品上。

在10年前，iMac就放弃了多种色彩的选择，曾经有蓝莓色、紫魅色、葡萄色、橙子色、石墨色、白色和蓝靛色等，都被乔布斯一口否决，继而苹果转向了简单的纯色，这是苹果为了适应不同的市场而进行的早期颜色实验。

苹果的设计师们从来没有对苹果的颜色做过任何的解释，但是消费者如果长期对苹果进行观察，苹果零售店的店员就会告诉消费者：如果真心喜欢苹果的产品就从白色、黑色和金色三种颜色中挑选一个；如果只是想体验一下苹果的产品，那多彩的水果颜色更适合他们。

4.7 拉勾网：只为IT工程师服务

2015年5月7日，中关村创业大街迎来了一位特殊的参观者，那就是李克强总理。李克强总理在创业大街参观了3W咖啡馆。在3W咖啡馆，李克强先是跟一个创业团队聊了很久，并喝了一杯咖啡。这对3W咖啡是个激励，对拉勾网也一样。因为拉勾网是属于3W咖啡经营的一个团队。

4.7.1 拉勾网的高薪职位

2015年9月18日，拉勾网海报打出："万物皆有裂痕，如是阳光照进。"这是为了欢迎曾经辉煌一时的考拉班车团队。考拉班车因资金不足，不得不在前一天宣布倒闭，拉勾网为这些精英提供了一次面试机会。

在此之前，诺基亚、雅虎等国外互联网公司被解散时，拉勾网都主动为员工提供了就业机会。

在拉勾网主页上，我们会发现大量的高薪职位，1.2万元只能算起步月薪，5万元的月薪也并不稀奇。IT行业高工资是众人皆知的，拉勾网也只为这些IT工程师服务。

鲍艾乐是拉勾网联合创始人，同时也是3W咖啡联合创始人，因此，大家很容易把拉勾网与3W咖啡关联起来。

当时3W咖啡越来越火热，不断有人问鲍艾乐："你能不能帮我介绍一个产品经理？"这就为拉勾网的创办埋下了伏笔。当时老牌招聘网站因为类别过多，对IT工程师这一板块不能花费过多的精力，而猎头公司的收费又过于高昂。由此催生了IT工程师的小众需求。

于是，鲍艾乐和另外两个创始人创建了拉勾网。尽管拉勾网借助3W咖啡积累的资源迅速展开工作，并取得了一定的成果。但招聘行业并不是3W咖啡的资源所能掌控的。

当时智联招聘、前程无忧、58同城等招聘网站已经在此行业深耕多年，并形成了很高的进入门槛。随着互联网的深入普及，地方招聘网站及一些新兴招聘网站的加入，导致了竞争空前激烈。

然而，这些都没有阻挡拉勾网的扩张步伐。因为拉勾网选择了一个小的切入点：只为IT工程师服务，这个切入点吸引了百度、腾讯、甲骨文、360等互联网公司的强烈关注。于是，这些公司的招聘方案纷纷出现在拉勾网的招聘平台上。

4.7.2 拉勾网的服务对象

拉勾网的切入点还有另外一个独特的优势，即在IT行业，互联网公司对IT工程师需求量巨大，仅位于中关村软件园的百度就有上万名工程师，这还不包括百度在其他地区的人员，以及其他公司的人员。这就形成了典型的卖方市场，使得拉勾网一直可以以高姿态去与各大互联网公司谈合作。

拉勾网从来不讨好企业，因为他们自己掌握了大量的IT工程师资源，通过网站平台将大量的IT工程师输入各大互联网公司。拉勾网承诺：求职者在拉勾网投递简历后，招聘单位7天内一定要告诉求职者面试还是被拒，求职者还能收到面试通知，并有详细的面试信息。

这个招聘行业里的小型平台，仅用了两年时间，估值便超过亿元。拉勾网以3W咖啡为根据地，在招聘行业完成了布局。

下面回过头再看一下拉勾网稳健的布局模式，归纳一下几点值得大家借鉴的地方。

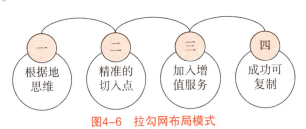

图4-6　拉勾网布局模式

1. 根据地思维

要想使新生的平台、公司坚持到前6个月，前期必须有所依托。如你手握大量资金，那就不用担心前期盈利问题，而如果前期你的资金量不足，必须找出你的根据地，拉勾网找的是前期积累的资源，你如果没有，只能通过急速开发来降低倒闭的风险。

2. 精准的切入点

其实，切入点并不是越大越好，而是要寻找市场盲点，越精越好。通过市场细分，你就会发现着力点。即使智联招聘投入1亿元进行宣传，拉勾网只投入10万元，拉勾网还是有胜算。因为智联招聘范围广，是以量取胜，而拉勾网是以精取胜。

3.加入增值服务

对许多平台来说，增值服务才是真正的盈利点。通过与需要这些服务的客户合作，分得自己的那部分利润。

4.成功可复制

IT工程师如此，3D工程师、餐饮厨师、驾校教练等也是如此。下面不妨做个推测，如果两年后，拉勾网的这个团队又创立了一个IT培训网，大家会不会吃惊呢？他们的模式类似，服务类似，只需稍微改变一下，完全有可能新开发一个服务项目。

4.7.3　拉勾网对于用户的贴心

拉勾网之所以发展得这么快，和它以用户为中心的战略是分不开的。他们的服务核心永远都是用户，因为用户是他们网站的支持者,也是他们收入的来源。从拉勾网建立的第一天起，他们的总裁就要求一切设计都围绕着求职者来展开，这就给传统的招聘带来了颠覆性的冲击。

以前网络招聘在求职者的心中是冷冰冰的，但是拉勾网却给了它应有的温度和感情。就在2014年3月份，腾讯宣布撤销电商控股公司，调整了一部分的部门和员工，拉勾网第一个打出广告，然后联合阿里巴巴和唯品会等电商巨头，帮助离职员工选择更好的去向。

在同年的8月，微软裁掉了诺基亚中国区的数千名员工，拉勾网发起了"每个人曾经都有一部诺基亚"的活动，并帮助离职的人员入职华为、小米等科技公司。整个活动取得了巨大的成功，仅这次事件的微信转发量就超过了20万次，拉勾网给求职者创造的不只是就业的机会，还用自己的行动告诉了上万的求职者：拉勾网与求职者们同在。

拉勾网现在的商业模式是企业用户付费。按照企业招聘不同的职位和月薪进行收费。目前和拉勾网合作的企业已达数万家，拉勾网为其中部分企业提供收费的服务，这包括360IT工程师等。但是拉勾网和其他的招聘网站最大的不同是：向提供服务的企业收费，但是却给用户做产品，拉勾网总裁觉得这是一件很有快感的事情。

在电商行业，有时一个很小的功能，就可以给用户带来很好的体验。用户在购物之后，可以在手机或是其他设备上看到物流的整个过程，让用户能够全程掌握物品的实时信息。拉勾网也把这种全程透明的理念纳入到原本封闭的招聘流程中：用户的简历有没有被企业看到、企业对求职者保持的是什么态度、需不需要约求职者面试等，求职者可以从拉勾网了解到全部的招聘进程。

总之，只为IT工程师服务的拉勾网招聘平台，为这部分人提供了全面的专职服务，赢得了小众人群的信赖。大家要向拉勾网学习精准的用户布局模式，并加入让用户满意的增值服务，从而让企业在领域中脱颖而出。

第五章　产品打造：品质是一切黏性的基础

企业在生产过程中最需要的是什么？不是创新，不是设计，更不是产量，而是产品的品质。因为产品品质是一切黏性的基础，企业只有生产出高质量、高品质的产品才会吸引客户。作为一个企业，规模可以小，但是产品的品质绝对不要比大企业差，这才是企业小而美的精髓。

5.1　极致：一切都要无可挑剔

品质，说到底是关乎一个企业发展和存亡的战略问题，一家企业想要很好地发展下去，产品的质量就必须得到保证。

5.1.1　品质对于企业的意义

1997年西门子冰箱进入中国，曾经在很长的一段时间里，西门子的冰箱没有人购买，导致了严重的亏损，但是它最后凭借着过硬的产品品质，渐渐地被中国消费者接受。而在今天，西门子冰箱的价格是中国的冰箱市场中最贵的，并且市场的销量也一直稳居同行业的前列，这也使得西门子成为中国市场盈利能力最强的冰箱产品。因此，一个企业在生产产品的时候，一定要从长远的角度出发，必须要有强烈的品质意识。

很多企业在生产产品的时候很矛盾，自己也想提高产品的质量，但是，当产品质量与成本相冲突时，不少企业会选择以牺牲产品的质量来提高生产量或是降低产品的成本。这样，公司的质量规定和产品的质量保障就成了一个摆设。这样的情况实际上在无形中告诉了企业的员工，产品的质量都是围绕着企业的利润来努力的，只要有利可图，企业在生产产品的时候可以偷工减料，可以马虎工作，因此，产品质量也就无从谈起。

一个企业的产品质量问题往往取决于企业领导人对质量的态度。企业领导人要坚持质量第一的原则，产品质量上要做到无可挑剔。从经营的角度去思考，企业不可能不考虑自己的成本而去提高产品的质量，所以产品质量是一个度的把控，那么应以坚持什么样的质量为原则呢？这就要企业通过自己的行为让员工知道产品质量的重要性，并树立重视产品质量的意识。

5.1.2　品质的标准

中国大多数企业都采用了ISO9001-2000质量管理体系，包括资源管理、产品生产、责任管理、测量与分析等四个部分，这是以质量管理的八大原则为基础建立起来的质量管理体系，它在世界上应用得很广泛。ISO9001-2000系统实际上是一种质量管理规范，在具体落实的时候还是需要企业根据自己对产品质量的要求制定相应的措施。

企业对于产品的质量标准，一般宜高不宜低，宜严不宜松。总的来说，企业对于产品的质量要求应该高于国家或是行业中所规定的标准。因为产品质量管理的工作一旦开展，就会经过多个层级的传递，首先是企业的高层，其次就是产品质量的监管部门，第三是企业的监管、采购、研发和制造等部门，最后是各个车间和生产线上的工人。

按照传递效果和内容逐渐递减的规律，如果最初对产品的质量要求不高，在经过层层传递之后，最终达到的产品质量会是很低的。当产品的各项低标准汇集到一起的时候，就很容易造成产品质量问题。

企业在产品开发、工艺流程设计再到原料的采购，从产品的第一道工序到产品的上线，从包装到运输等，每个环节都要制定详细的、可控制的质量管理标准，以及明确谁对产品进行检查、产品出现质量问题时谁负主要的责任等，要将产品质量问题融入到生产的每一个环节中。不仅要知道每个产品的具体环节是谁来做，而且还要知道做不好的时候谁负主要的责任。

企业如果在平时就不注重产品的质量管理，比如没有对员工进行产品质量方面的培训，没有对材料采购的把关、技术研发方面的把关，而只有对员工进行处罚方面的管理，在产品质量出现问题的时候，对员工或是高层进行处罚，这样做就会得不偿失。

据市场研究表明，如果一个顾客对产品不满意，他会告诉25个人左右；而对产品满意的顾客，他会告诉9个人。企业如果减少6%的客户流失率，每年增加的利润达78%左右。企业要抓质量的工作，就应该抓好产品制造中的每一个环节，这样就能防患于未然。如果企业等产品质量出了问题再去补救，不仅要付出更高额的成本，还会损害企业的品牌形象，这样就会失去一部分客户和潜在的消费者。

5.1.3　企业建立品质管理体系

企业要加强对产品质量生产过程的控制，不仅要在产品制造过程中加强质量的控制，还要将这种监管延伸到各个环节，比如对原料的采购、产品的运输、售后的服务等环节都要加强监管和控制。据相关数据表明，产品质量所造成的事故，在制造环节中出现的问题很少，大部分都是由于原料的采购不合格、研发技术不过关等原因造成的。加强原材料采购和技术研发的把关，是产品质量监管的重要环节。

一个拥有远大目标的企业，在对待产品质量方面是无可挑剔的，他们一般由质量工程师对供应商供应的原料进行诊断与改进，同时还对供应商提出意见，因为供应商的进步有利于原材料品质的提升。在采购环节中，要坚持质量第一、价格第二的原则。也就是说，如果一件产品有100个零部件，如果有一个零部件是不合格的，那么，这就使产品归于不合格的产品行列之中。而如果企业在产品质量上多加1元钱的投入，那么在增加品牌价值上的收益绝对是超过100元的。

当企业发明一种新技术的时候，必须要对产品的质量和性能等方面做临床试验。拿电抗器来讲，首先要准备材料、接焊、固定模式、拆除支架等，在接下来的试验、测试、喷漆、标识等，每个环节都不能少。一个产品在正式上线前，首先要在工厂内部使用，再进行小量试销，然后再做大规模的生产和市场投放。产品试用是不能省略任何一个环节的，这虽然是以往的教条，但仍然要以产品不出现问题为重要原则。

5.2　产品经理一定要有死磕精神

产品经理是一个连接点，一头连接着质量，一头连接着市场。因此工作中一个小小的失误，就可能会给公司造成很大的损失。对产品经理来说，为公司把控好质量关，就是守护公司的生命线。所以，产品经理一定要有死磕精神，这样才能让公司避免损失。

5.2.1　产品经理要像一个严格的质检员

质量是一个企业的生命线。面对严峻的市场形势和竞争，产品经理要像质检员一样努力做到：产品检查一个，保证一个，放心一个，放行一个。坚决守住质量的防线，确保产品能够满足客户要求。

一个制造钢铁产品的企业为了把好产品质量的大关，质量监管人员带领员工加大对钢板表面修磨的检查力度，从源头做起控制钢板的辊印，坚决做到表面一滴油污也不放过，保证钢板表面的质量。全年累计检查入库合格的产品有20万吨左右、性能的检测有约2332批，没有发生过一起质量纠纷和产生任何责任异议的问题，真正实现了优质服务的承诺，也满足了客户的要求。

在海洋平台用钢和大桥用钢等重点合同生产中，质量监管人员开辟了重点合同的绿色通道，凡是公司的重要产品，在产品上都加入重点合同的标识，做到优先加工和严格检验、优先发送报告等，为重点产品的质量保驾护航。特别是在重点钢板的生产过程中，公司更是按照严格的标准要求，除了加强目测的检查外，还采取机器检测厚度和水平度、探伤仪扫描等方式，依靠仪器对产品的质量进行精确检查，努力做到有问题不放过，扣留处理，从而促进重点产品保质保量完成。

对厚度不合格的钢板，质量管理人员应坚持切后复查的制度，对于尺寸偏小的钢板，应按照标准的尺寸，及时转火切割，努力减少企业的损失。而且质量检测人员还会对负责钢板的焊接和修磨、火切等作业的工作人员进行调换。

为避免人员调动带来产品质量下降的问题，质量检测人员要和操作人员搞好配合，还要给操作人员讲解工艺方面的要求，同时提高工作人员的责任心，以保证产品的质量。通过质量检测人员的努力，有效地避免因人员变动带来的产品质量下降的问题。

5.2.2 提高员工在工作中的态度

当质量检测人员发现重点产品存在问题的时候，他们要立即向原料车间进行通报，要求他们严格按照规定工作，调整他们的工作路线，从源头开始把控产品质量问题。为了配合车间的工作人员对钢板进行打磨和切割，检测人员带领其他人员对钢板的厚度进行了测量，有时一个钢板的测量需要二十几次。在场的一位员工说："产量和订货量那么大，马马虎虎就行了。"质量检测人员却认真地说："不管订货量有多少，都应该把质量抓好，一旦产品质量不合格引起了纠纷，企业丢失的不仅仅是一些效益，还有更多的销售市场，这样也会丢掉自己的工作。"

在工作中，员工的态度能决定一部分产品的质量。而产品品质源于人的人品，精品源于人的精心。检查钢板的质量绝对不能放松，执行质量的标准不能放松，要做到上岗要上标准的岗、干活要干标准的活的工作承诺。在每次检查工作的工序中，要把质量的标准放在第一位，无论是从原料上还是产品的检查过程中，都应要求职工按照质量标准进行检验。

5.2.3 企业如何做到质量把关

企业要做到质量的把关，其内容如图5-1所示。

一　严把产品质量开发控制关
二　严把零件和原材料入场关
三　严把制造过程关
四　严把产品检验关
五　严把销售服务关

图5-1　产品质量把关的五个步骤

1. 严把产品质量开发控制关

产品质量是企业设计和制造出来的，而不是检查出来的。作为产品质量形成的第一步，产品的开发过程就显得尤为重要。所以在产品生产的过程中，严格的数据分析和科学的设计是产品质量把关的第一步。为此企业要配备完善的实验手段和设备，还需要投入一定的资金进行更新。另外，企业还要采用先进的技术手段和设计理念，才能为产品的质量打下坚实基础。

2. 严把零件和原材料入场关

不好的零件和原材料会直接影响甚至会决定产品的最终质量，所以企业要加强采购部门的质量控制，确保优质的原材料和合格的零件是公司质量管理部门的重要内容。企业要建立一个采购质量的控制程序，要制定与生产质量相匹配的原材料采购的检查程序。这样，采购部门在采购原材料的时候才会有标准可依，从而把影响产品质量的各个相关环节都控制起来。

3. 严把制造过程关

严谨的制造过程是产品质量形成的重要阶段。公司建立一个完善的质量管理体系，从完善设计的理念、影响产品质量的因素、质量的检测等方面严格把关，保证制造的质量符合各种设计的要求，为产品的质量提供保障。大型企业还可以用先进的生产技术来保障产品质量。保障产品的质量要从流程开始抓起，作业体系里每一个流程都明确地规定了流程的业务以及产品质量合格的标准。

4. 严把产品检验关

企业要保证产品的质量，基层检查的管理也非常重要的。任何一件优秀的产品，它在生产过程中也是由一个个的零件组成的合格产品。如果一个企业没有一个好的基层质检部门，那么生产的过程就会杂乱无章；如果没有好的质量管理部门，企业的生产流程就会失去控制；如果没有好的质检人员，就算企业有先进的管理模式和生产技术，也不可能保障产品的质量。

5. 严把销售服务关

优质的售后服务是质量和价格之后的又一个重要点，也是一个企业服务质量的主要表现形式。公司如果有一个良好的售后服务，再加上优质的产品质量，就会深入到市场的每一角落。

5.3 纯手工：因不可复制而让人迷恋

世界第一台机器的轰鸣声响过后，带来了手工行业的叹息声，慢慢地，手工业就失去了市场。然而手工工艺赋予产品温情和灵魂，是很难在机械复制的商品中看到的。于是，在后工业时代，卷土重来的纯手工工艺又恢复了一部分市场，它因为有个性而变得奢侈，因为不可复制而变得让人迷恋。

5.3.1 手工业对机械化的冲击

在时代的巨轮之下，生活开始指向大机器生产与批量生产。从英国的工业革命开始，机械化生产大幅度地提高了社会的生产力，改变了人们的生活方式。

一个已经逝去的时装设计师可可·香奈儿说："时尚易逝，风格难存。"这句名言成为人们追求时尚的座右铭。在现在的消费者眼中，时尚意味着精细的手工以及贴合自然的设计。越是手工的制品，就越具有针对性，也就越显得尊贵。服装、汽车、手表、美酒、家具等这类物品，在现代手工制作的背景下，越是奢侈的品牌，也越是加入更多的手工因素在里面，所用的原材料也尽可能地不用化学材料和添加剂。

很多制造商在多年前就投入到手工研发中，从发动机的小排量化到车体轻量化，一直到轮胎、材料的选择都推上了前所未有的高度。英国的汽车品牌阿斯顿在2011年上海车展期间，推出了价值4700万元人民币的汽车One-77，其首席执行官乌尔里奇·贝兹博士说了一句话让人们感受到了手工制作的价值：90多年来，阿斯顿制造了5.5万辆至尊车型，而这样的出产量，日本的本田汽车只需要三天的时间就可以生产出来。这句话不是赞扬日本汽车生产速度快，而是强调在奢华的产品中一步到位的环保原则和有实力就应该拥有最好的，而最好的就是纯手工制造的。

5.3.2 纯手工打造的特点

一直以来，与汽车产业有关联的供应链，都是国家环保部门关注的重点。只要汽车一动，无论是看得见的还是看不见的，都不可避免地会产生污染。在2011年的上海车展中，以手工打造的世界顶级汽车，可以看成一件艺术品，不仅融入了设计人员的心血还传承了手工制作的工艺，更代表了世界顶尖的工艺技术。

一	纯手工对细节要求更加完美
二	纯手工追求自然美感
三	纯手工打造产品的独特性
四	纯手工环保

图5-2　纯手工的特点

1.纯手工对细节要求更加完美

每辆劳斯莱斯汽车在离开英国的制造工厂前，都要经过60双手，生产过程涉及2000多人次的操作，这至少要花一个月才能完成。虽然现在的长轴版古斯特进一步加大了它的内部空间，但是却丝毫没有影响它的平衡感和现代的感官设计。

古斯特的加长版需要花费一个星期时间进行喷涂和抛光处理才能更加完美。在给它的车身进行涂装的时候需要五个步骤：（1）对车身进行防腐保护；（2）涂一层底漆和一层色漆；（3）涂上透明的清漆；（4）在涂漆的每层之间都需要对车身进行人工砂磨；（5）最后涂层的阶段还需要进行5小时的人工抛光。

2. 纯手工追求自然美感

劳斯莱斯汽车真皮座椅是车内装饰的一个必要条件，九张高级的牛皮被应用到内饰之中，为了确保座椅颜色统一，公司对所有的牛皮都进行了染色。皮革被染色后，在自然风干的情况下会产生细致的纹理，进而增强汽车的美感。

古斯特加长版使用的木饰面板集至少有3平方米，由18个部分组成，需要制造16天才能够完成。还有技师挑选天然的木纹，每一辆车只使用同一颗树加工制成的木饰面板，这样就确保了内饰花纹的相匹配。并且随着时间的推移，内饰的花纹也会保持一致，不会发生变化。这些部件都经过手工打磨之后再进行喷漆处理的保护，让车身产生镜面光泽。

3. 纯手工打造产品的独特性

法拉利也推出了四门款的车型，多出的两门让我们以后在街上也能看到可以满载的法拉利，这样的设计也是出于环保的考虑。法拉利的一款车型FF做到了其他款式汽车没有做到的事情，它的配置都是根据驾驶者的个人需求量身定做的：现在除了颜色外，法拉利还为FF设计了6种专用的外饰颜色，并有柔软的皮革供车主选择。

舒适的座椅和宽敞的车厢可以轻松容纳4个成年人，而跑车最为不足的实用性也由于500升的行李箱而打破。当座椅的后排折叠时能拥有高达800升的行李空间，如此一来，它的实用性就超过了其他传统的四门车型。

4. 纯手工环保

没有比"暴躁"一词更适合形容兰博基尼了，无论是它的个性还是它的设计，都隐隐地彰显出一种难以驾驭的霸气。所以兰博基尼系列都是用四轮驱动来驾驭这只狂暴的野牛。兰博基尼的一款车型LP的上市，让人们觉得兰博基尼要推出更具挑战的产品，新款产品的出现实现了人们对它的期待。因为它的车身采用了碳纤维的强化材料，让整个车的质量变得更轻。

高级的珠宝和时钟受限于原材料、手工的制作，在有限的资源中给了特定的客户群。以时钟闻名世界的德国黑森林就有多个博物馆，虽然要找回以前品牌的创始人和不为商业所动的钟表手工匠很难，但在这个奢侈的商业运作钟表的世界里，仍可以回味往日的时光和手工温情。

5.3.3　纯手工，尊贵奢华

机械化的大潮将手工的东西带走，少量的手工艺品仍然做最后的坚持，其中的佼佼者莫过于驰名中外的爱马仕。在它的品牌文化中一直信奉着"时间最奢侈"的理念，它在生产的过程中宁愿少卖出一个皮包，也要坚持"慢工出细活"的工作信条。它的每一款包都是客户根据自己的喜好来选择皮料和颜色，然后再由有经验的工匠用独特的马鞍针法来缝制。

就像马鞍非常稳固，这种缝制方法也非常结实，不会因为一根断线而导致整个皮包裂开，这样才能让人们觉得非常安全。爱马仕把这种为皇家缝制的方法运用在各种皮制的手袋上，人们对它的赞美足以显示对这种制作流程的钟爱，甚至有的消费者愿意等上几年拿到这种包。

爱马仕是一个以手工制作著称的品牌，不管是它的风格还是手工制作的流程，它所流露出来的时尚，不需要追求任何的浮夸装饰，就成了最昂贵的奢侈品。这种手工制作的皮包成了品牌的象征，也见证着工匠们炉火纯青的手艺。这种手工编制需要精确的计算和熟练的技艺，才能造就无缝连接的皮包，才能做到任何部位都无可挑剔，这样才更加摄人心魄，让人感觉尊贵奢华。

5.4 快速迭代：Window与XP系统

2015年7月29日，微软Windows10正式发布，一些发布许久的系统如Windows XP也将退出市场。有市场调查机构的数据显示，Windows XP系统的占有率已经在全球范围内大幅度下降，而Windows 7和Windows 8则在稳步上升中。

5.4.1 不同Windows版本的市场占有率

从相关数据分析可知，在2014年，Windows 7系统的市场占有率还是比较稳定的；而Windows 8系统则一直处于上升的趋势，从2014年9月份开始和苹果系统的市场占有率持平；Windows XP系统的市场占有率正在逐步下降，预计在未来还会持续下降。

截至2015年7月，全球范围内Windows各个版本系统的市场占有率，其中Windows 7系统的占有率超过全球市场的一半以上，达到了60.75%；紧随其后的是Windows 8系统，但Windows 8的占有率只有13%，还不到Windows 7系统的1/3。

已经停止更新支持的Windows XP系统在全球范围内的市场占有率已经大幅度下降，2016年4月的市场占有率已经不足10%（约9.66%），比苹果系统在PC市场的占有率还要低一点。而Windows 8系统的占有率为2.95%，虽然挤进了PC市场的前五，但还是不具备竞争力。

Windows各个版本系统在中国市场的占有率则有所不同了，虽然Windows7系统的市场占有率超过了60%，不过紧随其后的不是Windows 8系统，而是Windows XP系统。毕竟在以前Windows XP系统就占据了中国PC市场的半壁江山，虽然现在大幅度下降了，但是以前的基础还在。而Windows 8系统在中国似乎不受欢迎，到现在市场占有率也只有8%左右。

5.4.2 Window 10不同时期的市场占有率

从市场占有率来看，在中国市场占据半壁江山的Windows XP系统也在大幅度下降，相对应的则是Windows 7系统市场占有率的提升，这显然就是产品的迭代，放弃Windows XP系统的用户显然已经升级到了Windows 7系统。而Windows 8系统的市场占有率也在稳步提升，只是国内用户则更倾向于Windows 7系统。

随着Windows 10系统的市场占有率进一步提升，旧版的Windows系统的市场占有率自然就出现了下滑。在2015年8月份Windows 7系统市场占有率下降到53.01%，Windows 8系统的市场占有率下降到14.41%。

在Windows 10系统上市的前一个月内，有8000万的PC安装了Windows 10系统，在两个月后就达到了1.2亿台，微软的目标是在3年内让Windows 10系统运行在10亿台PC设备上，还包括智能手机、游戏主机和其他的设备。

有数据显示，在2015年11月份微软的免费措施并没有让Windows 10系统的用户数量达到预期的目标；在2015年12月，Windows 10的市场占有率为8.11%，比8月份的5.33%增长了2.78个百分点。可见，Windows 10明显有所上升。除此之外，微软还和百度达成了合作，在中国推广Windows 10系统，微软还计划将Windows 10系统作为推荐系统，让更多的Windows 7系统和Windows 8系统的用户更新至这一新的系统。

5.4.3 Windows 10系统对其他系统的冲击

自2012年9月，Windows 7系统的市场占有率超过Windows XP系统成为全球PC市场第一大系统后，其份额一直在稳步增长。到2015年7月29日Windows 10系统的发布后，Windows 7系统的市场占有率也降到了历史最低，在2015年10月份的市场占有率仅为53.01%。

在Windows 10系统没有上市以前,Windows 7系统的市场占有率超过了70%。尽管Windows 10系统在以后会持续地增长,但Windows 7系统还会在一段时间内仍然受欢迎。

在2015年的10月份,Windows XP的市场占有率下滑了0.6个百分点,降至10%。尽管微软已经终止了对Windows XP的更新,Windows 10系统的免费升级也并不支持Windows XP系统,但有些机构却和微软延长了支持的协议,使Windows XP系统还没有被淘汰。

从Windows系统的迭代过程中可以得到经验,企业在做产品设计时,会根据产品的功能优先升级,对版本进行规划,使企业产品能够进入正常的生命周期,从而有计划地实现产品的价值。如果当前版本的功能不再适合或是满足用户时,就会有用户明确要求在产品规划之外进行迭代。当然这种产品会和前一个版本进行迭代融合,通过评估的方式进行迭代。

总之,一个产品的生命周期是不断完善和迭代的过程。企业在做产品的时候不宜做大而全,特别是在初期,生产的产品要具有针对性,专注于一个特定的模块或功能。此外,企业还需构建不同的消费场景和使用场景,并给予用户引导,这样才能打消用户的顾虑,甚至让用户产生好感,这样才有利于提高用户的转化率。企业如果通过数据的分析运营,逐步迭代产品的功能,就可以为不同的用户提供差异性的服务,让用户产生归属感,这样用户的活跃度也就会提升。

5.5　细节制胜:产品包装的秘密

一款有创意的设计很容易吸引消费者的眼球,而且还能取悦消费者。不然不会有很多厂商和设计人员花大量的时间和精力去设计产品的包装,让企业的每款产品包装都有创意。

无论你觉得脑白金的广告烦人也罢，庸俗也罢，但是从商业的角度来看，你就会知道脑白金是中国21世纪以来卖得最成功的产品之一。广告营销的最终目的就是为了让消费者购买其宣传的产品。有很多人在商场买年货的时候，第一个选择了脑白金，因为在走进超市的第一眼就看到它了，而且它很出名。脑白金的成功靠两点：一是广告的投放，二是产品的包装。现在就来看看脑白金产品包装里面的秘密。

5.5.1　包装的本质

包装的本质是什么？包装的本质不仅仅是包装一件商品，而是一个信息包的传递。当这个产品在商场的货架上时，要和其他的产品包装形成竞争优势，要引起消费者的注意，让消费者购买自己的产品。

其实，企业的产品就是企业最大的自媒体，包装是自媒体的核心部分。有创意的包装设计，能够在很大程度上降低企业的广告成本，从而让品牌营销有效果。

有人说脑白金的包装并不是那么好看，但是，当消费者走进超市的时候，第一眼看到的就是脑白金。这就是产品包装的一大秘密，即获得商品陈列的优势。

5.5.2　脑白金包装的成功之处

把商品放在货架上是包装设计的第一步。因为商品包装设计的本质不仅是设计一个包装，还要设计整个货架。货架上的其他商品都有人已经设计好了，企业要通过这样一个小小的设计，让自己的商品脱颖而出。所以企业还要弄清楚这个货架的陈设，如果不知道100%里面的99%是什么，就不能对这个1%贸然地进行设计。

在电子商务时代，包装就是为了获得陈列的优势，而货架陈列的优势相对于实体店的陈列方式又有所改变，那就是屏幕成了产品的货架，电脑屏幕、手机屏幕、平板屏幕等。而电商商品的包装特点就是不用点击放大图像，就能够看到商品的设计，就能够打动人去购买。

5.5.3 电商时代，包装设计是营销策划的手段

在电子商务时代，不用点击大图像的思维就是屏幕货架的思维。不管一件产品的包装设计得多么富有创意，但是图片小看不清，消费者又没有点击大图像，那么这个设计就是失败的设计。

企业包装的是产品，包装设计其实就是产品设计。所以，在设计产品包装的时候，要用产品开发的思维去设计包装。产品包装的设计，其实也是对产品的又一次开发。

为什么说包装设计就是产品设计？因为在消费者看来，包装设计是了解企业的一个视角。消费者在逛商场的时候，他们看到的不仅是一个个商品，还有一个个包装。包装设计是产品货架上的一个符号，首先不仅要在包装设计上突出产品的信息，还要在货架上突出产品的信息，所以，企业要重视产品包装的整体性。比如老陈醋的包装设计，消费者可以看到瓶颈上的广告语"十年老陈醋"，有图、有说明。不仅突出了一个标志符号，还突出了绿盒子的整体包装，这样的包装设计让它在货架上有一种鹤立鸡群的感觉。像这样的瓶颈设计，能够胜过中央电视台一亿元的广告效果。

包装设计的第一层就是在货架上突出自己的产品优势，第二层就是在包装上组织信息和符号来提高物品的销售量，这也是一种通过包装设计来降低成本的方法，即"让商品自己说话"。

在前面已经讲到，广告的版面要当货架使用。在产品的包装设计上，也可以反过来，把货架当成广告位使用，或者是当宣传的海报使用。因为产品就是最大的自媒体，是企业可以不花钱而牢牢掌握的自媒体。

用包装设计来降低企业品牌的营销成本，有的企业还利用包装设计和消费者进行品牌互动，这样就给了包装更大的价值体现。

上海华与华营销咨询公司在为珍视明设计包装的时候，针对珍视明能够预防视力下降的特点，将珍视明的包装设计成了一个视力表，只要把盒子放在桌子上就可以对视力进行测试。

在包装设计上企业要有一个坚定的信念：企业没有广告，也没有任何消费者听过自己品牌的名字，但只要企业将产品放在货架上，产品的包装就能够和消费者说话，把产品卖出去。而且企业的产品放在网页上，因为一个包装，消费者不用点击大图就能心动。这样就能把包装的秘密完全发挥出来，就能够做到利用包装来降低企业的营销成本。所以，包装设计是一种营销策划手段。

5.6 时刻敏感：让新技术与产品画上等号

自从谷歌引爆可穿戴的智能产业后，智能的硬件产品也成为这股洪流中的一支队伍，同时也带动了整个物联网产业的发展。似乎在一夜之间，所有的产品都和新技术有关，如果产品不和新技术画上等号就不叫产品了。

5.6.1 在智能产业上布局是很多企业的必然选择

从宏观上来看，智能城市、智能社区、智能学校、智能工厂、智能医院等智能化的新技术正在不断发展；而从微观上来看，家电、汽车、衣柜、餐具等产品用的也是新技术。好像现在的产品价值与实际情况无关，而是与智能、新技术有关。

不过现在不少智能产品并不具备真正意义上的新技术体验，其中可穿戴的智能产品和智能家居产品，距离消费者的预想还有很大的差距。但是从互联网发展的趋势来看，万物互联是将来必然的趋势。

现在随便进一个网站搜索一下，各种各样的产品几乎都有新技术、智能化的想法，很多让消费者无法想象的产品也正在被创业者们智能化。冷静地思考一下就会发现，无论是实力雄厚的海尔、西门子，还是势单力薄的小型企业，更多的产品都在利用新技术变得智能。有一些新技术的产品，虽然并不能带来新的生活方式，但对于开发者而言是一种智力的考验。

在经历了PC互联网革命之后，现在已经进入了移动互联网时代，下一个时代必将是物联网的时代，也是一个万物互联、万物互通的时代。所以，在智能产业上布局是很多企业的必然选择。

5.6.2　回归用户的角度是新科技走向智能化的一条捷径

现在由于人工智能技术的局限性和语音识别技术的不成熟，导致了一些产品在被智能化之后，它的智能化控制体验没有想象中那么好。以目前的智能家居来看，智能电视、智能门锁、智能空调、智能洗衣机，如果用户买的不是一个厂家的电器，或是同一类别不同系统的家电，这就要用户在手机上对每一个智能产品都安上一个APP，而这种大量的屏幕交互不仅没让用户的生活更加便捷，反而给用户的生活带来更多的烦恼。如果生活被APP所包围，这就不是一种正常的智能生活方式。

现在一些智能产品，在有的环境下可能并不适用，仅在特定的环境下很实用。比如在市场上比较火爆的智能水杯，京东上的销售价格是从500元到1200多元不等，这个智能水杯添加了APP、传感器和记录喝水量等功能。这样的功能在日常生活中还是很实用的，它能够记录用户每天喝了多少水，还能够提醒用户每天喝水，特别是在用户生病期间，可以提醒用户按时喝药。

智能水杯就是加了现在的新技术，在京东网上被抢购一空。对于国产水杯来讲，水杯不仅要智能化，还要有密封和保温效果。这个例子说明企业在应用新技术研发产品的时候，要站在普通用户的角度思考。所以，回归用户的角度还是利用新技术走出智能化的一条捷径。

然而有一些商家为了突出自己产品智能化的价值，在营销的过程中加大了对产品智能化的宣传。无论是新技术还是尝试性的技术，无论是生活中常用的功能还是在生活中实用性小的功能，都是在以吸引消费者眼球的方式来达到自己的营销目的，这种做法在短期可能会给企业带来一定的收入，但是从长远来看，其实是一种危害。所以，企业在利用新技术开发产品的时候，要从消费者的角度去考虑产品的实用性。

总之，消费者的体验需求找到了，商机也会随之而来，下一步就需要创业者着手准备了。

5.6.3 新技术对于企业的意义

产业链的不完善限制了智能产业的发展，但它也蕴含着巨大的商机。无论是传感器、大数据、云服务、通信还是芯片，在这些领域中任何一个环节都有很大的投资价值。在未来的物联网时代，物联网会带动整个终端企业的爆发式增长，而这些终端产品都离不开产业链和新技术的支持。

虽然现在的智能产品在发展中遇到了问题，但是这阻挡不了物联网发展的趋势，这也就意味着产品智能化的进程会加快。对于创业者和实体企业而言，如果在现在的产业链下实现突破，并建立技术上的优势，那么无论企业规模如何都会拥有自己的优势。同时还需要将新技术的优势通过品牌的方式稳固下来，并借助于产品推广和传播，让产品成为消费者心中某些领域的标志。

在移动互联网进入物联网时代，企业只有将自己的产品和新技术画上等号，才能在这股洪流中顺势而为。

第六章　体验营销：给用户一个真场景

体验营销是指企业利用商品或是服务让消费者去看、听、用、参与等方式，充分刺激和调动消费者的感官、情感、思考、行动等感性因素和理性因素。在互联网上，有很多可以让商家和消费者对接的体验接触点，这种体验活动带给了消费者很多想象的空间，能够最大限度地提升用户的参与感，提高消费者的购买率和对产品品牌的认知。

6.1　给客户一个使用场景

对企业而言，客户的信任与忠诚是销售的保障。如果能长时间，甚至是永久地留住消费者，就能够影响他们购买时的决定。通过考虑用户的使用场景，提供具有个性化的推荐，才能够引领消费者体验服务，让消费者得到一流的体验感觉。

企业在做产品的时候，应该多考虑一下用户的使用场景。用户在什么情况下会使用自己的产品，是在工作的时候还是在上班的路上？是在餐厅还是在朋友聚会的时候？他们都在使用什么软件？这些都是企业设计产品时应该考虑的。

在这个注重先体验后消费的时代，企业怎样去设置场景让消费者得到更好的体验效果，成为众多商家吸引消费者的一个重要手段。尤其是在大型企业中，当企业以不同方式给客户提供服务时，现场客户的参与、体验、互动显得越来越重要。因为只有这样，企业才知道什么样的服务适合什么样的客户。

6.1.1　苹果电脑的使用场景

以苹果平板电脑为例，看看苹果设计师的人性化设置，它是如何让一台平板电脑在不同场景下产生不同的使用感受。

人们在家里使用iPad时，一般会选择较为放松的体验姿态：躺在床上或者是沙发上，将iPad靠放在身上或腿上，用单手扶住，在这样的姿态下使用者的眼睛一定是放在屏幕的中心位置，所以iPad的设计很适合单手操作；如果是在阅读电子书，那么需要的操作就会更少，所以操作设置都是放在靠边缘位置上的，可以起到弱化操作设备的感觉，使阅读的体验更加自然；在卫生间里使用iPad时，无论是蹲还是坐，这种特殊的环境都要求使用者用双手稳定重心。

一般情况下，家里环境相对封闭，隔音效果也比较好，能够听到外放的声音，这时就可以选择用轻柔的提示音或是背景音乐作为影音的主要程序。在家里熄灯后使用时，屏幕的光线对人眼的刺激是较大的，这时屏幕就会出现一个调节亮度的设置，这样用户就不必中断现有的操作而到主屏上去设置亮度。

在餐厅使用iPad时是坐姿，且不止一个人就餐时就需要与他人进行交流，注意力不可能高度集中，不适合玩需要高度集中注意力的应用。而且，因为人多，声音也比较嘈杂，不能听出iPad发出的提示音，所以音质较高的应用也不适合体验。

在乘坐地铁或是公交车时使用iPad，大部分时间都是站姿，而iPad屏幕比较大不适合长时间单手操作。此时，应该双手托握，而屏幕上的交互设置一般都是靠近双手捏拿的区域，这样更方便使用者操作。但乘坐公交车时上下颠簸的幅度较大，让iPad屏幕不能保持水平，所以不要阅读电子书，以免让人产生眩晕感。

搭乘出租车或乘坐私家轿车时使用iPad，车内的空间比较狭小，长时间使用iPad会产生压抑感，此时适合的应用只有音乐。

在户外时，太阳的光线比较强烈，屏幕有自动调节光线的设置，让用户得到更好的体验。对于需要较多操作的应用，主要的操作按键不应该设置在左下方和右下方，因为误触的概率很大，下方是左右手触及频率最多的区域。

以上是苹果在不同场景下的不同体验，都被观察入微的设计师们发掘出来，并设计出在这些场景下最为舒适的体验。不少人认为苹果改变了世界，而这种改变不是苹果的科技，而是苹果给体验者一种无与伦比的感受。苹果能一度成为全球最大的上市企业和全球手机的领军企业，就是因为其别具匠心的设计和注重用户的感受。

6.1.2 用户的使用场景对于企业的意义

在互联网时代，用户体验尤为重要，因为品牌的好坏都是口口相传，用户体验者越来越多，企业品牌的知名度与影响力就越来越大。再者，社交网络和网上购物平台的兴起，使人与人之间的互动也频繁起来，渐渐变成了人与网络机器之间的互动。总之，没有好的产品体验，企业是留不住客户的。

基于用户的使用场景要保证产品绝对完美，这就要求设计人员必须从用户的角度出发，真正按照用户的使用场景去设计产品。企业要了解用户对产品的功能需求，每项功能都在设计说明书中明确标示，方便用户使用。现在以用户为中心的产品设计已经渐渐深入人心，产品的使用功能要满足消费者的某个需求或是痛点，也可以说是以用户的痛点来设计产品的使用场景。在这样的场景下，用户会得到很好的体验。正如苹果，它的成功是因为设计师考虑到用户的各个使用场景一样。

可见，现在国内的大型企业也越来越重视用户体验。首先是家电行业，每年都有电器研究机构发布的家电行业用户体验指数表；通信行业和IT行业对于用户体验也是推崇备至。

越是大型企业，越注重产品的人性化和用户的使用效果。原因很简单，在竞争激烈的行业里，技术的差别越来越小，产品的质量有了一定的保障之后，物品的种类也愈发丰富，用户的使用场景也就成了产品创新，扩大了与其他公司产品的差异，是提升企业效益的重要手段。

6.1.3 用户体验决定产品设计

免费也要讲体验。企业之所以提供免费的服务，是希望吸引更多的消费者，这时企业就要注意消费者的感受，不能因为是免费的服务，就不给消费者一个好的体验感受，那样企业的免费服务就起到了一个相反的效果。

有创新才有体验。如果一个商家提供的一种产品或是一种服务，被人们熟知或是使用过，那么这种体验就不再是体验，而是一种常规的展示。体验要有创新，要新奇，给人以不同于其他产品的感受，这样才叫体验。

多个用户在不同场景下进行体验，其主要目的是要设计一个让用户满意的体验效果。但是用户能够感知的产品细节，产品经理不一定能够感知到。因为用户的需求是不同的，所以体验的感受也不尽相同。例如，同样是咖啡屋，配置了不一样的装饰，消费者就有不同的感受。

用户体验决定产品设计。一个大型的企业都有产品设计部，设计人员

应该时常参与到营销互动中，多听取体验者的感受或是建议，以这些建议
来设计一个用户满意的商品，这才是企业的最终目的。

6.2 让客户参与其中

所谓参与就是让客户提供有建设性的意见，并了解他们对于产品设计
和使用效果的一些想法。

一个全球零售商的高级管理者说："企业花了几百万做市场调查，但
是没有留意客户对于企业所提的意见。如果企业不能让客户有效地参与，
对客户提出的意见也是保持谨慎的态度，这样的做法是非常错误的。因为
让客户参与的回报远远比管理者想象中的要大。"

6.2.1 参与能让客户感到受尊重

有的企业觉得让客户参与会使管理变得很难，而且企业还需要花费
大量的时间来管理这些客户反馈的信息，这样就会忽略了更加重要的工
作。如一家游戏公司的总裁说："如果对客户的每条反馈意见都接受，
就没有时间来做其他的事情了。"同样，一家亏损的航空公司的经理说：
"客户或许有可能提出好的意见，但客户提的意见是因为不了解我们的运
营会受到种种的限制。"

企业对于客户参与的另一个顾虑就是知识产权问题。例如，一家欧洲
的航空公司总裁不愿意和客户进行沟通，因为他害怕有些客户会试图从中
谋利。一家团购公司的管理者也认为，企业为了避免出现版权纠纷因此
避免收集用户的反馈信息，企业担心客户会说企业偷了他们的点子。

其实，在很多情况下企业的这些担心都是没有必要的。如果一个企业
觉得客户无法成为有价值的资源，或是不信任他们，这样肯定无法让客户

参与进来，也不会得到客户的信任。毕竟这种双赢的社会关系一般是需要建立在互相信任的基础之上。

客户积极地为企业提供建设性的意见可以强化企业与客户之间的关系。一家大型的电子企业负责人说："当一个企业向客户征询意见时，并根据他的意见做出相应的改进，那么客户就会觉得受到了尊重。"他还表示，曾经有客户向他发送邮件，感谢他对自己的用心。他们征求客户的意见，并积极地对意见进行反馈，不久后公司有了很大的影响力，还让客户感觉自己也是企业的一部分，感觉自己很受尊重。

一般愿意接纳客户意见和鼓励客户参与的企业通常会和客户之间保持长久的关系，因此客户对于企业的价值也越来越大。为什么会出现这样的情况呢？因为客户在意识到企业重视自己的反馈意见后，会更加愿意和这家企业保持联系。只要企业鼓励客户参与和听取客户的反馈，就会让客户感觉到了尊重，并且参与其中共同创造价值。

6.2.2 客户参与对于企业的重要性

客户希望自己是自愿参与企业的，而不是被逼的。这时候就需要企业想办法让客户参与到企业的活动之中。一家国际航空公司的营销负责人说，一个企业失去客户信任后最常见的行为就是，反复地征求客户的反馈意见，然后又不对产品进行任何改进。

有些公司还愿意花费很大的力气让客户参与。一家软件公司的高层人员说，他们的产品设计师不惜在设计时故意留下小漏洞，以此来吸引客户提供反馈意见。有些客户会因为这些错误而开始联系他们，他们也是通过线上的公开论坛进行意见反馈，并及时处理。随后企业就可以发布事先做好的版本，向大家公开表示企业对于用户的反馈意见是有回应的，这样就能体现出公司是以客户为中心的。这也让客户愿意与企业联系，觉得自己对产品的改进做了贡献。

社交网络的普及为希望促进客户参与的企业制造了更多机会。举例来说，一个大型的航空公司的数百位精英设立了一个网页，并邀请公司的管理层加入。公司的社交媒介的总监说："有机会了解客户的意见，实在是难得。"

在2008年，星巴克也鼓励顾客通过"我叫星巴克点子"的网页提供意见。这样顾客就可以在网站上提出关于如何改善星巴克体验的建议，而有些建议会被星巴克采纳。对于企业来讲，点子是否被采用并不重要，重要的是有客户参与，让客户觉得自己就是星巴克的一分子，让客户和企业之间产生联系。

6.3　试用就是实用

2015年9月11日，在业内崭露头角的ZUK开展主题为"免费千人试用，信用让我传递"的试用活动，网友只需参与活动便有机会赢取15天免费试用的手机。这个试用口号不仅为刚刚诞生的ZUK品牌打出了名气，还展现出它对自己的产品的信心，同时也可以看出它对用户体验的关注，以求做得更好。

6.3.1　试用产品活动后的收益

据ZUK手机免费试用的活动代理人介绍，在以正常方式使用手机的情况下，此次试用活动的体验者，可以随时终止手机试用，办理退换押金手续。在手机行业都是7天内无条件退换机的情况下，ZUK采取的15天免费试用时间是其他手机无可比拟的，这样的条件也显示了它对自己产品的信心。

从一开始ZUK就采用了这样一种与众不同的出场方式，让ZUK吸足了众人的眼球，从而开始了一场关于"信任的经济学"，让众多手机厂家不得不佩服ZUK手机的胆识。不过，ZUK手机也不是盲目的自信，它让参与者在试用的时候慢慢发现这部手机很实用的特点，这才是ZUK手机比其他手机商的活动时间多一倍的真正意图。因为手机实用这个特点是宣传不出来的，而是需要试用者去慢慢体验和发现的，只有体验试用之后，才知道它是否实用。

不仅ZUK如此，苹果也是如此。2015年9月10日，在旧金山召开的苹果新品发布会上，苹果公司对多年来没有消息的Apple TV进行了更新。

这款新的Apple TV于2015年10月在全球范围内上市销售。苹果公司的研发人员为其设计了一个简单明了的主屏页面、应用商店，内置一个全新的语音助手和遥控器。不过新产品的售价也是高达149美元，几乎是旧款的两倍。苹果公司的研发人员相信，未来电视的功能应用不可能只让观众看到媒体流视频，而是可以在这种设备上进行各种应用，甚至是玩游戏。

从消费者的试用角度来看，这款新的Apple TV很实用，运行也非常流畅。语音助手也浑然一体地配置到了整个Apple TV的运行系统中。只要试用者对遥控器的语音助手发出命令，它就会在没有任何延迟的情况下做出相应的反应。

还有一点就是试用者在使用遥控器的时候，可以问一些明确的问题。另外，全新的Apple TV的操作也非常容易上手，因为在新的界面上应用和设置都是以一种简单快捷的方式出现在主显示屏上的。

与旧款Apple TV相比，新款最大的特点就是有一个不同于旧款的遥控器。新款的Apple TV配置的遥控器也比旧款的遥控器要好操作，只需将手轻轻地向右滑动，屏幕上的光标也会向右滑动，向左也是同样的道理。如果大多数人适应了旧款的遥控器，对于新款的遥控器估计还要使用一段时间才能熟练地操作。

苹果的研发人员为新款的Apple TV的遥控器还配置了一块触屏区域，用户在实际应用中可以触摸这片区域来配合按钮进行快速的操作。

新款的Apple TV除了能控制电视以外，还安装了多种传感器，这样就可以当游戏鼠标来使用。有的试用者利用该遥控器玩了一场操作难度比较大的游戏。从试用者的体验过程来看，这款遥控器还是很容易上手的，而且敏感度强，和电脑上玩同款游戏的体验几乎没什么区别，也达到了原有设计师们想要的效果。尽管新款的Apple TV没有像苹果手机那样大做广告，但它的销量很好。

如今，越来越多的企业之所以重视用户的体验，其主要原因是在一些体验者试用过后，产品能得到广泛的宣传，很多商品是用户试用之后才知道它的价值。有些商品，给试用者们一个良好的体验，比保持一个商品的新奇与惊喜更为重要。

6.3.2　商品的试用流程

企业要举行一次商品试用活动时，要遵循一定的商品试用流程，其流程如图6-1所示。

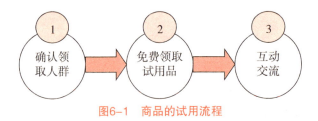

图6-1　商品的试用流程

第一步，确认领取的人群

企业首先要确定商品的试用对象。因为产品免费试用活动都是企业自行组织的一种活动，和官方试用中心的试用是不一样的，所以商家的免费试用对人群要有一定的条件限制。建议试用人群应选择老顾客一类的人群，再者就是选择对试用商品有消费意愿的人群。

第二步，免费领取试用品

活动人员应将符合试用资格的消费人群带领到活动现场领取相应的试用品。每个试用人领取一件试用品，试用时间截止时试用人应归还试用物品。

第三步，互动交流

此环节是试用流程中最重要的一个环节，工作人员要搜集采纳消费者的不同意见以及不同的体验感受，还要向体验者介绍商品的特性，在试用中促销，在促销中听取体验者的不同意见，这才是商品免费试用的真正意图。

其实，商品免费试用营销就是体验式营销的主要方式之一。体验营销就是从消费者的感官、行动、思维、情感和关联五个方面，给消费者一种精神上、情感上的体验，通过这种全方位的体验来激发消费者对产品的兴趣和购买欲望。体验营销能够让消费者产生深刻的印象，并让消费者在试用过程中知道产品的价值，促使消费者购买。

产品免费试用要结合体验式营销和反馈式营销的优点，这样在产品促销过程中才会产生1+1>2的效果。现在随着试用网站的兴起，试用营销也被用得越来越火爆了，如试客网和试客联盟的免费试用营销做得都是很成功的。在这个追求低成本营销的时代，免费试用营销对于小企业来讲无疑是一道曙光，在为消费者提供大量免费体验的同时，也给小企业带来了一个全新的营销方向和营销模式。

6.3.3 免费试用营销对网店营销的影响

免费试用营销对网店营销的影响有哪些呢？其内容如图6-2所示。

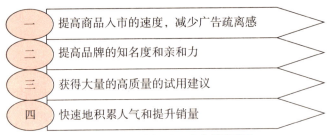

一	提高商品入市的速度，减少广告疏离感
二	提高品牌的知名度和亲和力
三	获得大量的高质量的试用建议
四	快速地积累人气和提升销量

图6-2　试用营销对网店营销的影响

第一，提高店铺商品入市的速度，减少了广告营销的生硬和疏离感，从而建立与消费者之间的信任，缩短了商品上市后的成长期。

第二，提高品牌的知名度和亲和力。随着试用营销的商家越来越多，试用的消费群体也越来越多，商家的试用活动就会引起各种消费群体的关注，这样就很轻松地提高品牌的知名度。而在免费试用的过程中，消费者和商家之间的交流无疑提高了消费者的信任度和品牌的亲和力。

第三，获得大量的高质量的试用建议，消费者在试用过程中会有试用的心得和中肯的建议，这样商家就可以知道产品的不足，从而进行改善。

第四，快速地积累人气和提升销量，这是试用营销最大的亮点。因为是免费试用的，消费者无论需不需要都会抱着一试的心理进入店铺，这样就能很快积累人气，人气一多，销量自然也会有所上升。

6.4　以客户体验为宗旨

2015年4月17日，美国市场研究机构发布了关于苹果公司的预测，认为市值为7378.5亿美元的苹果有可能成为全球第一个市值上万亿美元的公司。是什么让众多消费者对苹果如此着迷？不用多想，客户良好的体验感受居于首位。这种不同于其他产品的体验，首先体现在产品本身，然后再渗透到服务以至品牌上。

以体验来策划设计的公司是以客户体验为宗旨，而不是以个人的眼光来制造和设计。在苹果公司，有了某种设计方案，但它不会强加于所有的产品设计上。

客户的体验基础是围绕产品的各个方面设计而言的，而设计就在每个人的心中，当你看到一种新产品时，你首先看到的就是它的外形设计，而大多数人只有在使用一段时间后才会对它的设计有所察觉。真正好的设计对于消费者来说不仅仅体现在外形上，而且还要体现在实用上。

客户一般会从五个方面去体验产品，即感官、交互、情感、浏览、信任等方面。而苹果手机的设计正是围绕这些客户体验而进行的。有些公司也在考虑以消费者的体验来设计一款产品，他们在寻找一个合适的机会，只要找到机会，他们就开始着手设计。对于设计师而言，设计时的灵感和情感都很重要。

6.4.1　以体验为设计导向，要做到以下几点

建立一个以大众体验为中心的开发的团队，鼓励员工们去交流。而且还要建立一个大的营销市场，以便向大众消费者传达一些自己的设计理念，也能够清楚地知道体验者想要什么样的设计。

如何进行用户体验设计呢？通过图6-3就能清楚用户体验设计的关键点。

图6-3　用户体验设计包括的关键点

人、环境、产品是用户体验设计的关键因素。其中，关于人，设计时要注重人的情感、期望等；关于环境，设计时要注重使用环境等因素；关于产品，设计时要注重产品功能给人的感觉。

设计是一个整体概念，绝大多数公司的核心价值往往是体现在产品的研发上，而忽视了产品的设计和消费者的感受。没有与客户进行良好的交流，就不能设计出客户满意的产品。

苹果公司成立之初，也不是像现在一样以体验为导向设计。只是苹果关注客户的体验多于其他事之后，它才成为以体验为设计导向的公司。其实，设计不仅仅体现在产品上，它也是设计和塑造公司与客户之间关系的一种方法。

重视团队之间的合作。在苹果公司，一个人有了突发的创意，无论是上班时间还是下班时间，所有的研究人员都必须到场。这就充分地尊重了个人的创意，又重视了团队之间的合作，让人感觉到队友的存在与尊重。

重视与制造商的交流，了解产品送到用户手上的途径，看到用户拆开产品包装时的表情，他们是否高兴，制造商是否给他们留下了好印象，这些信息对以体验为设计导向的公司来说都是不可忽视的细节。

以体验为设计导向，在生产设计中要更多考虑客户的感受。同时也意味着公司要开诚布公地表达其在创造、开发和制造商品的决心，而不是对商品的设计和用户的体验漠不关心。现在大多数公司随便炮制一个体验模式，就开始闭门造车。而到最后又不知道自己到底要设计什么样的产品，只会一味地去模仿别人，缺少了创新，这样公司迟早会衰败。

6.4.2　产品设计要以客户体验为主

现在许多公司的创立，设计理念都与客户体验有关。对于一个以体验为设计导向的公司来讲，明白消费者体验的重要性，并一直作为公司发展的宗旨，这是至关重要的。

当用户将产品或服务分为最好、一般和最差三大类时，企业必须知道自己的产品能够归入哪一类，如何让自己的产品在消费者的眼中一直保持最好的印象，估计任何个人和公司都不可能做到这样的全胜纪录，最直接的方法就是以消费者的目光来看待自己的产品，以客户的体验来设计产品。

客户体验首先必须了解自己的客户，乔布斯就对他的客户了如指掌，并且一直对此非常重视。苹果的客户群很小，但都是有理想、有抱负的人，这就是苹果公司能够称霸全球、iPhone能够让老少都爱不释手的原因。

即便自己的公司可以大到影响世界的程度，乔布斯也没有放弃对客户体验世界的了解，还在不断地去认识，他明白没有这些了解，生产再好的产品也无济无事。对于一个公司而言，这就是不被淘汰的生存之道。如果有人能做到这些，不管你处在公司的什么位置上，就凭一个人也能带来改变。

一个公司是否设计了客户体验供应链，是否尽自己的能力去解决体验者提出的问题？如果因为意外使事情变得糟糕，他们是否能提前预知或是做好这方面的准备，能够正确快速地解决这些问题，这就能看出一个公司的整体实力。

6.4.3　苹果的用户体验设计

iPhone能在这么短的时间内成长为全球第一的智能手机，是因为苹果手机没有采取与iPod相同的销售方法和设计途径，只是少量地采用了一些相似的设计手法，如果说要寻找最大的相同点，那就是他们都关注客户的体验。如果一种商品建立了好的销售市场，就会一直向好的方向发展。就如同iPhone和iPod一样，手机市场只是苹果开辟的另一战场，但这两款产品都源于苹果的设计文化。

苹果品牌作出了巨大的体验承诺，自然也给它带来了挑战。苹果推出的那些具有创造性的、设计精美的、技术领先的产品，不仅是为了兑现苹果的承诺而设计，更是为了给用户一个良好的体验。苹果的成功，就是因为它充分了解用户体验的各个方面，而在产品的设计中，苹果不仅注重产品外观的精美，更注重以用户的体验为导向来设计。

对于众多的用户来讲，体验是对一个品牌的了解；对于一个企业来讲，体验绝不是被动地满足客户需求，而是能够引导客户的创造。而苹果的零售店能够让潜在的客户直接体验到苹果的价值，当消费者光顾苹果零售店的时候，就会体验到一种愉悦的、毫无压力的购物环境。在这里，消费者可以了解到更多关于苹果的事情和试用苹果的产品，并得到有关使用苹果产品的帮助。而零售店员也会为客户提供很多的信息量，让消费者有更好的体验感受。

6.5 谷歌眼镜、苹果的体验式营销

2015年1月，Tony Fadell接管谷歌眼镜，联合硅谷开发谷歌眼镜的新设备，研发人员表示将会对谷歌眼镜重新设计，并请了其他眼镜厂家的设计师参与这次谷歌眼镜镜片的研发。

2013年4月15日，谷歌眼镜第一次推出体验营销。新一代的谷歌眼镜可以将手当作相框来进行拍照。谷歌眼镜的科技达到了一定的水平时，设计师还能够设计出用谷歌眼镜进行拍照的功能。

6.5.1 谷歌眼镜的体验感受

谷歌眼镜的体验感受有哪些呢？其具体内容如图6-4所示。

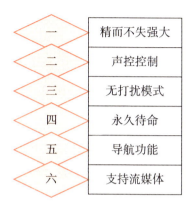

图6-4　谷歌眼镜的体验感受

1. 精而不失强大

谷歌眼镜运用了很多前卫的科技技术，装有触摸屏和倾斜式的陀螺仪，还有不足手指大小的屏幕，能够显示操作信息，设计简单实用。

2. 声控控制

谷歌眼镜配置了声控控制。你可以用声音控制来完成你要的操作。而且你可以通过口令来启动视频或者照相，也可以通过口令来操作导航和音乐等应用程序。还可以在侧面的触摸屏上选择菜单键进行操作。

3. 无打扰模式

谷歌眼镜的任何操作都可以通过声音控制来完成，这样就解放了双手。同样可以帮助你实时摄像，而不打扰你做其他的事情。

4. 永久待命

谷歌眼镜可以让你随时随地体验上网的乐趣，就像在家里一样。而且，照相和音乐等功能随时待命，只需一个语音，就能完成你想要的操作。强大的音频输入允许你快速处理文字信息，添加视频和图片，可以连接其他的移动设备，不用再劳烦手机。

5. 导航功能

拥有谷歌眼镜不用再担心找不着路或者是其他的地理位置。导航功能让你轻松地在这个世界中穿行，让你对周围的一切了如指掌。

6.支持流媒体

在启动眼镜功能之后，眼镜就处于待命状态，你只需说出一名歌手的名字，谷歌眼镜就会在搜索相应的歌曲。如果登录了谷歌账户，还可以获得历史记录的播放列表和推荐歌曲。

谷歌没有对此眼镜做过多宣传，但无论是在网上还是在现实生活中人们对它的关注从没有中断过，这是因为谷歌眼镜的体验营销活动做得很到位，它在正式发布之前没有透露谷歌眼镜的任何功能特点，而在正式上市的时候给了广大消费者一个体验感受的机会。由于谷歌眼镜的功能强大，给消费者带来的震撼也是很大的，以至于直到现在谷歌眼镜在网上还神话般地被人夸大它的功能。

6.5.2　苹果的体验设计

越是高科技产品，体验营销活动带来的收益就越大。相对于其他产品的营销活动，科技产品的优势就是新奇，给消费者带来很大的冲击力，让消费者产生立即购买的想法。

苹果公司不仅注重体验设计，也一直开展体验营销活动，以显示苹果手机的各种功能，吸引消费者疯狂抢购。下面大家一同感受一下苹果体验营销活动的火热，学一下体验营销的技巧。

图6-5　体验式营销

1. 感官体验

苹果手机的开放式购物环境，让人们觉得轻松自由。苹果新款的手机当然也会以新的方式传递给消费者。苹果不是为了生产手机而生产，它是在开创一项体验事业。所以它能做到让消费者满怀激动而来，又满怀激动而去。

2. 情感体验

苹果手机的设计师曾说过，一个产品必须有人们赋予它的感情，才能够更受欢迎，这就是忘我的情感碰撞。基于这条理念，苹果的设计师们将消费者们对苹果的感情和自己对苹果设计的热情集于一体，设计出让人满怀感情的苹果手机。

3. 思考体验

苹果手机的广告人将标语"与众不同的思考"和不同行业的"创意天才"结合在一起，设计了一个令人沉思的促销方案。这个广告使消费者在思考苹果电脑的与众不同时，也想到自己的与众不同。通过使用苹果电脑，让自己成为"创意天才"。

4. 行动体验

库克和乔布斯都说过，"探索、发现和购买是苹果的最大功能。"也就是说，这个过程就是"不知道—知道和了解—认同并接受"。而在这个过程中，良好的购物体验是重中之重。

苹果通过零售店的免费讲座和一对一的培训让店员学会演示这些软件并教给客户，这就是客户的行动体验。

5. 关联体验

一旦产品建立了关联，这就意味着它的品牌还具备其他的价值属性。苹果手机不仅限于它的外表时尚，还关联着更多的领域，其中苹果手机就关联着美国的慈善、宗教等领域。苹果手机利用自己的社会影响力，多次向慈善机构捐款，这就是苹果手机所具备的其他手机没有的关联性。

苹果手机的自身魅力和良好的产品感官，人性化的操作设计，简单时尚，符合现代人的审美观点。当你真正使用它的时候，又觉得很人性化、很贴心。苹果无论是在设计还是在营销方面都有不错的口碑，但它至今还没有放弃体验营销这种营销模式，说明体验营销有其他营销方式不可比的独特性。

6.5.3 苹果的体验式营销

在苹果的实体店内，消费者可以看到数百个电子设备产品。只要消费者走进苹果的实体店，就能够定位并体验到自己所需要的那款设备。举个例子，当消费者找到最新款的iPhone 6s放在哪里时，就可以去看这款产品，并且可以体验一下这款产品的功能。苹果店内的设备都是齐全的，而且都充好了电。在这些设备里面还安装了丰富的应用，可以供消费者体验各种应用带来的快感。

在苹果实体店中，消费者可以使用不同的运营商来激活自己的手机，而且当消费者遇到问题时还可以使用苹果提供的其他设备产品。

苹果店内的员工可以根据自己的移动设备帮助消费者完成交易，使消费者不用等待，随时完成买单。再者，苹果的实体店明显不同于传统的零售百货商店。在传统的实体店中，客户走到柜台的外面，而店员坐在柜台的里面，中间隔着一个柜台进行交流。而在苹果的实体店中，消费者可以随时看到苹果的员工，这种购物的体验环境让消费者觉得自己是身处一个社区，这种社区购物的感觉很容易影响到周围的消费者，如果同时有两位消费者看上了一款产品就可以进行交流。

很多电商也将这种社区购物的形式应用到网站上，不会让消费者购买完商品后就走人，可以和一些其他的购买者或是专家进行交流，这样就可以分享个人对于品牌的一些观点。

苹果公司作为现在全球最大的公司和手机领头人，它的营销方式一直被人们模仿着，其中它的体验营销模式占据着主导地位，给一些小型的企业做了示范。苹果公司无疑将这种营销方式运用到了极致，企业可以从中学到销售理念和别具一格的营销创意。但更重要的是，企业还要多了解体验营销背后的机制和规律，并将体验营销真正运用到我们现有的营销体系中，再与其他的营销手段结合，发挥出更大的价值。

6.6　优衣库的虚拟试衣间

2014年1月25日，一个融资420万美元的虚拟化的试衣间出现，它就是To B虚拟试衣间服务Metail，是一个基于3D可视化技术的成果，主要是给用户创建个人模特。

网购省时间，而且价格便宜、种类繁多，深受广大朋友的喜爱。不过唯一不足的就是不能试穿衣服，而虚拟试衣间服务Metail可以帮助喜欢网购的用户解决这个烦心的事。用户只需要上传一张自己的照片，选购时再输入自己的三围就可以创建一个自己的模特，而且还有面部美化的功能。此操作用户只需提交一次相片，下次购买时创建的模特还可以一直使用。如果变瘦或是长胖了，都可以做出相应调整。

6.6.1　虚拟试衣间带来体验

衣服的大小、款式、颜色和网上选购的是一样的，Metail专门制作好各个款式的衣服，以求用户在使用模特试穿时更加逼真。虚拟试衣间的研发人员说，这样看似简单的试衣软件，他们着实花了大量的时间和精力，这个虚拟试衣间是他们公司的主要挑战之一，最难做的就是在线试衣间如何能够快速地更新衣服的数据库。这需要拍照、数字化和3D合成等技术，只有这样用户试衣模特的试穿才能达到理想的试穿效果。

在这项技术推出不久，优衣库就将这项虚拟的试衣间引进到国内，并做了一系列的改动。在优衣库的试衣间中，只要点击模特的各个部位就可以换上不同的衣服。网上购物时很方便，用户可以在"穿"功能区对自己拍照，做出一个小型版的自己，随后还可以调整自己的脸部轮廓，还可以调整身高、体重等。在优衣库中如果看到自己满意的衣服，就可以用手把衣服穿到虚拟模特的身上，不仅仅是衣服，眼镜、首饰、帽子都可以穿戴在虚拟模特的身上。搭配好衣服后还可以做几个动作，来看看衣服到底合不合身。

归根结底，可视化虚拟试衣间其实就是一种虚拟的体验模式。买衣服一般都需要试穿，而网络上不具备这种体验，但是可视化虚拟试衣间可以帮消费者体验到现实中试衣的场景，帮助顾客解决了网络购买不能试衣的痛点。

6.6.2　体验营销实施步骤

体验营销的实施步骤有哪些呢？具体内容如图6-6所示。

图6-6　体验营销的实施步骤

1. 认清目标客户

首先要在众多消费者中认清一群人，而这群人就是最适合企业产品消费的目标客户。然后再收集这群人的资料，针对他们提供购前服务，还要针对不同的目标提供不同的服务，这样才能把成本降到最低。

2. 弄懂客户需求

认清顾客的购买能力和购买特点。知道顾客顾虑什么、担心什么、需要什么、购买什么。这些都需要和客户沟通交流，清楚他们的购买需求。

3. 从客户角度出发

企业要从客户的角度出发去考虑客户的利益和顾虑。根据这些才能知道在体验的时候重点展示哪些部分。

4. 体验参数

体验参数就是指消费者对商品体验的满意程度。企业不仅要了解消费者体验后的感觉，还要多听取消费者体验后对商品的建议。

6.6.3 体验营销的好处

体验营销的好处有哪些呢，具体内容如图6-7所示。

一	能够快速提高销量
二	提高预定信心
三	良好的口碑打造企业形象
四	吸引更多的潜在消费者
五	减少宣传品牌的成本
六	缩短商品销售时限

图6-7 体验营销的好处

1. 能够快速提高销量

在体验活动中体验产品价格会降低，消费者会按照体验价来抢购，这样客户就会增多，也提高了客户的购买率。把每天销售的和库房的商品存量统计起来，可以有效地解决商品过剩或不足的问题。消费者体验后的意见，才是体验活动的重中之重。以长远的眼光来看，它甚至比体验活动当天的营业额还要重要。消费者在体验之后，给的高质量意见要总结采纳，这些都利于公司的发展和商品的改良。

2. 提高预定信心

企业产品销量的提升，有助于增加消费者对于产品质量的信任和购买信心。产品销量提升，信誉度也就跟着一起提升，体验活动中有图片分享，能增加产品的真实性，能加强对体验产品的说服力和吸引力。做体验营销活动时，不仅吸引了大批的潜在消费者，更能够让这些体验者在不知不觉中帮企业推广商品。

3. 良好的口碑打造企业形象

以体验活动带动销售量，以品牌形象吸引消费群众，让消费者体验产品，同时树立了良好的品牌形象。在网民的社交圈子及各大论坛中企业的产品就会有人议论，让更多的消费者知道企业的产品，帮助企业提升产品的知名度。消费者在购买产品时，一定会先了解一下产品的销量，往往是产品的销量越高，就越能促使消费者购买。30天销售10000个，跟30天销售1000个，给消费者的信赖感是不一样的。

4. 吸引更多的的潜在消费者

购买指定体验商品的这些人会有很多亲朋好友，可以为企业带来更多的潜在消费者。在企业开展体验营销活动的时候，如果产品体验者感觉良好，就会一传十、十传百地传出去，吸引更多的用户前来购买产品，进而获得更多消费者的关注。

5. 减少宣传品牌的成本

用商品做体验活动，是效率最高的营销手段之一。企业每月只需用多余的商品来做体验营销活动，不仅可以达到营销的目的，而且还可以降低宣传的成本。

6. 缩短商品销售时限

产品经过体验营销活动的推广，能够很快得到销量基础，用户的中肯评价和体验者的口碑传播，能提高品牌的形象和知名度，进而缩短商品的销售时限。

第七章　后续服务：吸引客户二次购买

产品出现问题，很容易引起客户的投诉，这时就要看企业处理纠纷的能力，处理得好可以让客户进行二次购买，更加信任企业；处理得不好可能会让企业名誉扫地。所以企业不仅要有一个高效率的生产部门，还要有一个能力强的客服部门。

7.1　当今企业竞争的重要内容之一：处理客户投诉

客户投诉是每个公司会面对的问题，它一般是指客户对企业的产品质量或是服务不满意，从而提出书面上或是口头上的异议并要求企业解决这些问题。

从另一方面来说，客户的不满意与投诉也是企业有价值的信息来源，它能够为企业创造更多改进的机会。因此，如何处理好客户的投诉再次赢得客户的信任，把不满意的客户转化成满意的客户，锁定客户的忠诚度，从而获得行业竞争的优势。

7.1.1　处理客户投诉时的态度

在处理客户投诉过程中，参与者的态度是非常重要的。有礼貌、冷静、尊重、换位思考等四个要求是处理客户投诉的有效态度。

在处理客户投诉时，保持礼貌的行为和友善的态度能够有效地平息客户的怒气，这样也能够体现企业为客户解决问题的态度。在面对客户时，企业人员要耐心倾听客户的不满，这样就能帮助企业了解导致客户不满意的原因，鼓励客户说出真实的感受，并让客户把不满的情绪发泄出来。

企业人员还要让客户理解其诚意，让客户知道企业正在积极解决问题，而不是以一种抗拒的态度去处理他的投诉，从而让客户对企业有信心。如果有必要，企业还可以向投诉的客户道歉，感谢客户将问题告诉企业，这件事并非个人原因，但个人可以代公司向客户道歉。企业还需要了解客户的需求，征询客户对解决问题的意见，尝试换位思考，从客户的角度来了解事情的经过，同时还需要兼顾公司的利益和形象，来寻找妥善解决的办法。

企业也可以和客户达成共识，采取行动。如果有必要也可以交给有关人员进行处理，也可以让其他部门的人员协同解决客户的投诉，还要及时跟进。向客户详细地说明将要进行的步骤、所需要的时间、解决后的效果等，让客户了解企业的解决办法。

7.1.2 处理不好客户投诉的后果

2013年，某大型购物广场的客户服务中心接到了一起客户投诉的电话。客户说自己在商场购买的牛奶中喝出了苍蝇。投诉的内容大概是这样的：这位客户在商场购买了牛奶后在一家餐厅吃饭，吃完饭后这位顾客让自己的小孩喝从购物广场购买的牛奶，自己在一边和孩子聊天，突然听见孩子说："妈妈，这里有苍蝇。"这位顾客就望去，果然看见牛奶盒中有苍蝇，可是这时牛奶盒已经被孩子用手撕开。这位顾客顿时就火冒三丈，带着小孩来到购物广场投诉。可是这时值班的经理过来说，"既然有问题，就应该带小孩去医院，有问题了我们再负责。"

听到这样的回复，更是让顾客怒火中烧。顾客大声地说道"有问题再负责？好，我现在让你吃十只苍蝇，再带你去医院检查，然后我来负责行不行？"顾客边说边在购物广场大喊大叫，并说要去卫生局投诉，引起了众多客户的围观。该购物广场客服中心的负责人听到后马上过来处理，并赶快让那名值班的经理离开，又把客户请到办公室进行交谈，一边道歉一边耐心地听事情的经过。

客户中心负责人询问的重点：（1）发现苍蝇时的环境，确定餐厅的卫生状态；（2）确认当时牛奶盒子不是插管插入的封闭状态，而是撕开的状态；（3）确认苍蝇是小孩发现的，这位顾客当时没有注意；（4）询问顾客以前在购买牛奶时是否出现过这样的问题。

在了解了事情的发生过程之后，商场提出了处理建议，但是这位顾客由于值班经理的那句"有问题到医院检查，我们负责"的话一直心存不满，不愿接受购物广场的道歉和建议，致使这个问题僵持了两个小时还是没有结果，只能留了这位顾客的电话，换个时间再进行协商。

第二天，商场的负责人给这位顾客打了电话，告诉这位顾客商场已经和牛奶公司取得了联系，希望这位顾客能到牛奶厂参观了解，并提出商场会对每位顾客负责，如果客户有要求，商场可以请有关部门对苍蝇死亡的时间进行鉴定和确认。由于客户在接到电话时已经不再生气了，而且也感觉到商场的负责人对于这件事处理得很认真，这位客户的态度也缓和了许多。这时，商场又对值班经理所讲的话进行了道歉，并对苍蝇落入牛奶中的可能性进行了分析，在很大程度上不排除这样的情况。

经过商场负责人的不断沟通，这位顾客终于不生气了。最后告诉商场的负责人，她最生气的就是值班经理说的那句话，既然商场对这件事情这么重视和负责任她也就不再追究了，她相信苍蝇有可能是小孩在喝牛奶的时候掉进去的。当时顾客这样说的："既然你们对这件事这么负责任和重视，我也就不再追究了。"说着就将在商场购买牛奶的发票撕了，表示以后也不会再追究此事。

处理客户投诉是一件非常重要的工作，处理人的说话方式、处理态度都会对事情的结果起着至关重要的作用，有时候处理人的一句话会成为整个事情的导火线。对待客户的投诉，企业应该是弱化双方之间的矛盾而不是激化双方之间的矛盾。所以这就需要负责人有着良好的素质，要对客户的投诉有着深刻了解和认识，尽量避免因自己的失误造成更严重的后果。

7.1.3　如何做好客户投诉工作

如何才能做好客户投诉工作呢？其具体做法如图7-1所示。

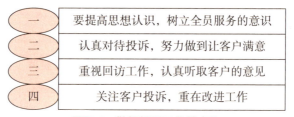

图7-1　做好投诉工作的方法

1. 要提高思想认识，树立全员服务的意识

企业各层级要将客户投诉当作是服务质量好坏的试金石，作为客户是否满意的重要标志。在此基础上各个部门都要审视自己在工作中可能出现的漏洞和不足，找准定位后全员参与。

2. 认真对待投诉，努力做到让客户满意

客户投诉处理的好坏能够影响到企业的形象和整个运营系统的顺畅度，还会影响到客户对企业的信任度。所以企业要正确地对待客户的投诉，要以让客户满意为原则来处理客户的投诉，帮助客户化解矛盾，解决问题。

3.重视回访工作，认真听取客户的意见

回访是投诉工作流程最后的一个环节，既是将处理的结果告诉给客户，也是征询客户对处理结果的满意程度。这一环节看似简单，却是投诉系统完整运行不可缺少的重要内容。

4.关注客户投诉，重在改进工作

企业应该知道，接受客户投诉是一种手段，而改进服务质量才是目的。对于客户投诉中反映出来的种种问题，如何改进才是投诉的最终环节。

7.2 为客户找到解决问题的可行办法

在各个行业竞争都非常激烈的时代，无论是什么企业或组织都认识到服务的重要性，也都知道良好的服务可以做到让客户满意。优质的服务可以赢得回头客并建立客户的忠诚度。

7.2.1 解决客户的问题是最好的一种服务

当企业的客服接到消费者怒气冲冲的投诉电话时，自始至终只是保持礼貌的用语，却没有帮助客户解决一个问题，这样如何让消费者觉得自己获得了很好的服务呢？

在互联网的线上服务，特别是一些知名的企业，他们的官网、论坛、社会化媒体账号都会吸引很多的关注者，这样就会带来超越其他平台的许多满意或是不满意、投诉等问题。企业在网上和客户互动时，遇到的未必是自己的客户或是潜在客户，但企业同样不得怠慢，过激的言语或是傲慢的态度都会引起舆论关注，严重影响到企业的品牌形象。

当前有线上、线下两种不同的商业模式，这两种商业模式对企业提供客户服务有了更高的要求。有一本书试图给企业提供帮助，书中阐述了客户满意的四个要素：无可挑剔的产品、细心周到的服务人员、及时的服务以及可以有效的解决消费者的问题。前三个要素一般企业都能够做到，但是第四个就是考验一家企业服务的水平，是具有挑战性的。

7.2.2　首先要学会与客户沟通

要帮助客户解决问题，首先要和客户有良好的沟通，这不是简单的几句"您好""请问""我能帮您做些什么""不客气"能够解决的。服务人员一般在没有出现问题的时候，说出礼貌用语是很容易的，但一旦出现问题就涉及解决问题、承担责任等后果，这时就会出现不礼貌、不愿承担责任的语言表达。对此，企业应该这样做：首先要树立统一的语言风格，可以创建礼貌的用语词汇；其次在出现问题后，要道歉并请求原谅，并且与客户一起检查问题和解决问题，还要将问题记录下来，供企业对问题进行改进和研究。

高效率低成本地解决客户的问题，能够很好地掌握客户的信息。一些五星级酒店，就经常提出酒店可以根据客户提出的特殊要求提供个性化的定制服务，这是一件让客户感到很满意、很感动的事情。企业想要做到这一点，就要建立客户信息记录系统，且还要遵循以下原则：建立的系统要简单明了，要抓住客户的核心需求，要慎重地对待客户意见和问卷调查，注重客户的信息，并对客户的隐私信息进行保密，收集的信息要进行处理，确保可以被客户服务部门随时调用，同时利用这些信息还要征得用户的同意。

7.2.3　如何解决客户的问题

如何解决客户的问题呢？其具体做法如图7-2所示。

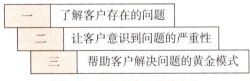

图7-2 解决客户问题的方法

1. 了解客户存在的问题

企业要了解客户对于产品的态度，这样才能进一步地明确客户的需求。面对客户的问题，企业人员可以这样问：您最不满意的地方在哪里？了解了客户对企业不满之后，通过提出激发客户需求的问题将客户存在的问题明确化，从而引起客户的高度重视。

企业需要了解的问题包括：这些问题对客户有什么影响，对客户的工作效率是不是有影响？客户目前喜欢产品的哪些方面，对这些产品有哪些不满意的地方？从客户的这些回答中就可以了解客户的需求，从而为更好地解决客户问题打下基础。如果企业了解到客户是对产品的操作不太熟悉时，可以通过介绍示范来帮助客户尽快熟练。

2. 让客户意识到问题的严重性

有很多客户在购买物品或接受服务的时候，明明发现了很多问题却不愿意明确地表达出来。作为企业一定要让客户意识到问题的严重性，从而激发他们寻求解决问题的愿望。如果企业不知道客户的需求，那也就没有解决客户问题的办法。因此，企业要通过分析问题让客户看到问题的严重后果，来引起客户的重视，进一步引起客户的需求欲，让客户觉得企业的产品或是服务能够解决自身的问题，这时候客户的需求也就产生了。

3. 帮助客户解决问题的黄金模式

一个美国的著名销售专家和他的研究团队历时15年，耗资200万美元，对50000个销售案例和10000名销售人员的销售实践作了观察和分析，研究出一种营销技巧：销售人员在与客户打交道时，应该本着为客户解决问题的宗旨。

这种模式按照四个步骤开展：开始对话到提出问题→得到事实到结束问题→证实问题到关键问题→及时反应到解决问题。这就是帮助客户解决问题的黄金模式。当然，并不是与每一个客户交谈都用这样的模式。如果在会谈的开始客户就提出了他的问题，那么企业就可以直截了当地帮助客户解决问题，然后结合客户的问题询问企业解决的效果是否让他满意。

企业要让客户相信自己，最简单的办法就是帮助客户解决问题。如果企业能够帮助客户解决问题，便会得到客户的信任，客户才会慢慢地消除对企业的芥蒂。这样客户才能从心理上接受企业，才会成为企业不用花钱的推销员。

企业不仅要帮助客户解决问题，更重要的是提高自身解决客户问题的能力。企业只有勇敢地面对客户问题，才能够激发企业潜在的力量、发挥企业和销售人员解决问题的智慧。面对客户问题时，企业最好的做法就是对问题负责，勇敢地面对问题并解决好问题。

一个优秀的营销人员应该是一个擅长解决客户问题的人才，应该有超强的思维能力和分析判断能力，这两种能力是解决客户问题的关键要素。思维能力和判断能力一般来自于实践，在实践中学习相关的知识，然后再慢慢地摸索，就有可能成为一名优秀的、能够解决客户问题的营销员。如果一个企业能把解决客户问题放在产品和服务之上，再培养一批能解决客户问题的营销人员，那么企业离成功就已经不远了。

7.3 收集客户的反馈信息

企业在销售过程中会发现这样一个规律：企业销售量最高的产品一般是现有现卖的产品，而排第二位的是向现有的客户推出的新产品，第三位就是卖给新客户的新产品。这样企业就犯了一个错误，企业应该把投资的方向放在第二位的产品。企业想要增加产品的营销量，突破的方向就是向现有的客户卖新产品，而这一步的核心就是收集客户的反馈信息。

7.3.1 反馈信息的流程

企业在一年中至少要收集两次客户反馈信息，一般是年中一次、年末一次。或者是企业在和大客户完成了一次交易后，就要尽快地做一次客户反馈。但对于那些市场变化特别快的行业来讲，比如IT行业，就有必要每4个月做一次用户反馈。

为什么客户的反馈信息都在新年来临之前做呢？因为这正是企业制定第二年销售计划的时候，企业的很多新产品都在这个时候敲定。如果这个时候企业高管重视客户的反馈信息，将有利于第二年产品的计划和执行，而客户的反馈信息也将落实到销售计划中去，增加对现有客户销售新产品的机会。最好的客户反馈流程只需要六个问题就能完成。

第一个问题：企业做得好的地方在哪里？这是一个验证性的问题，这个问题能够让企业知道自己的优势在哪里。很多企业认为自己做得好的方面，其实客户并不认可。当客户告诉企业哪个方面做得好时，也是在间接地告诉企业：这个方面对客户来讲是很重要的，希望企业在这方面做得更好、做得更多。

曾经有人向著名的管理大师请教企业成功的秘诀，管理大师说成功的秘诀很简单，分析自己企业的每个业务，找到最强和最弱的地方，然后再把精力放到最强的地方，把企业的优势发挥到极致，而第一个问题就是让客户帮助企业寻找自身优势的过程。

第二个问题：企业还有哪些方面可以做得更好？这个问题就是告诉企业做得不够好的地方在哪里，需要改进提升的地方在哪里。当然不是所有的客户反馈都要听从，这些反馈只是原材料，企业需要从中挑选。

第三个问题：如果客户给最好的商家打10分的话，那么能够给企业打多少分？这是直接获得客户的量化评分，从中可以获得客户企业的业务支持度。这样企业可以计算出支持的得分：打9分和10分的是满意者，打6分以下或者是6分的是不满意者，7分和8分的是中立者。如果满意的有30人，不满意的有15人，那么企业的支持度得分是10分。企业不要小看这个得分，这个得分有很强的指导作用。如果这个得分在每次的反馈信息中是递增的，那么就可以预测这个业务的市场份额一定也是递增的；如果这个得分是递减的，那么这个业务的市场份额和利润在一段时间内也会处于递减的状态。客户的支持度就如同企业的利润指数一样重要，能够帮助企业的管理者预测业务下一步的走向。

第四个问题：客户目前最大的需求是什么？

第五个问题：客户最近有什么需求是可以让企业提供的？

第六个问题：还有哪些部门在使用企业的产品或是服务？如果有这样的部门，争取到客户帮忙介绍，如果客户对企业是满意的，这样引荐的概率也会很大，所以企业要把握好这样的机会，现场就可以得到新的客户。

7.3.2 由企业高层来面对客户反馈

处理客户的反馈信息，一定要让企业的高层出面。很多企业的高层说自己很忙，没有时间和客户进行面对面的交流。但是，企业的高层应该为这件事安排出一定的时间。要知道，双方面对面的互动才会取得最好的效果，而且还必须是企业的高层管理者和客户进行交流。

在美国，客户反馈意见必须是管理层的高级人员去解决，如CEO、COO等。还有些时候是销售经理来处理，绝对不会只是让销售人员来解决。因为有质量的客户反馈信息，必须企业的高层亲自出面才能获得，而客户只有看见企业的高层，才会相信企业对他的意见高度重视，才会说出自己对企业的真实想法和建议。另外，企业从客户的反馈信息中可以得到大量的信息，只有企业的高层从战略的角度去分析，才能很好地利用这些信息。美国很多大型企业的CEO每年都会用两个月的时间直接解决客户反馈信息，这在他们看来是一项很重要的工作。

美国有一位著名的企业家，曾经连续12年成为IBM的销售冠军，后来他也创建了自己的公司。后来有人问他销售成功的秘诀。他回答说，他成功的秘诀就是80%的营销现场自己都亲自出面了。

这种面对面的交流方式也是获得销售机会最简单、最快速的方法，为什么说这是最简单的方法？因为企业的客户是现成的，与客户交流就成了简单的事情，主要是企业人员和管理者愿不愿意去做了。

如果企业的管理者太忙，也可以用别的方式进行调整：公司的高层和管理人员绝对不只一个，比如可以由三个高层共同来做这件事情，挑选公司最重要的一部分客户做客户反馈，其他一部分客户的反馈信息可以用问卷的形式进行调查。面对面的客户反馈虽然好，但不是对每个客户都必须做的。

美国企业虽然重视客户反馈的信息，但也只有大约10%的企业能够做好客户反馈。一方面，客户觉得企业的高层太忙了；另一方面，也是最主要的方面，企业的高层还不了解客户的反馈包含着巨大的信息和数据，因此，很多企业没有重视客户的反馈信息。

7.3.3　客户反馈信息的收集方式

客户反馈信息的收集方式有哪些呢？其内容如图7-3所示。

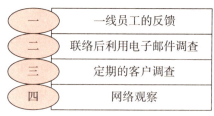

图7-3　客户反馈信息的收集方式

1. 一线员工的反馈

一线员工每天都与客户进行面对面的交流，他们能够准确地知道客户遇到了哪些问题，如果一线员工有时间处理这些反馈信息，对客户的鼓励则是很大的。

2. 联络后利用电子邮件调查

客户调查是了解企业服务质量和解决客户问题的一种很好的方式，但前提是企业要知道客户所遇到的问题。从客户的角度去分析是一种不错的做法，证明企业重视他，有了解问题的意愿。

3. 定期的客户调查

客户调查是企业采集客户数据的主要途径，但往往没有发挥出它的潜力。因为调查只是问客户的意向，而不是问客户的行动，而客户通常又不是按自己所说的那样去做。因此，对客户的调查要定期做。

4. 网络观察

网络上的客户帮助企业使网络互助模式正迅速成为信息反馈和信息收集的渠道。

7.4　口碑效应：客户主动推荐他的朋友

在各个行业的销售中，寻找客户是企业一直面临的难题，而最有效、最实用的方法就是让企业的老客户介绍新客户。然而企业怎样做才能让老客户愿意为企业介绍新客户呢？现在就来学习"获得客户主动介绍的一句话"，只要企业向已经成交了的客户说一句话，客户就会纷纷介绍自己的朋友过来消费。

7.4.1　口碑效应的魅力

在美国有一家卖玉器的商店，商店的老板很想让他的客户介绍朋友过来消费。刚开始他的做法和其他的商人一样，只是直接地向他现在的客户说："你好，你有没有朋友需要玉器呢？那么麻烦你帮忙介绍一下吧。"大家想想这家玉器商店的顾客会是什么反应呢？估计大部分的客户都会这样说："好的，一定会。"之后呢，这位顾客就将这件事情忘得一干二净。这是大多数人的反应。也就是说，对于商家的请求他们只是表面上答应，实际上他们不会采取任何实际行动。

这样的情况玉器商店的老板碰上了很多次，他非常烦恼。因为这个店铺只靠自己一个一个地去寻找客户的话，就要用大量的时间，所以让客户推荐自己的朋友也是一种迫不得已的办法。于是这个玉器行的老板请教了一些营销的专业人士，在各营销专家的启发下他获得了灵感，从此改变了做法。

之后这个玉器行的老板是这样做的：他免费为自己的老顾客做了一份期刊，期刊上有玉器的选购知识、保护知识等，期刊内容精选，装帧漂亮，然后他通过快递的方式每个月将期刊送到了老客户的家里。有的人会想，里面应该有很多的广告吧，其实这份期刊里面并没有多少广告，有90%的内容都是关于玉器的常识，只是在期刊的最后一页加上了一张特别颜色的纸，介绍自己的玉器店和一些特色产品。

当玉器行的老板将这份免费的期刊送出去之后，他还会定期地给这些老客户打电话，询问期刊做得怎么样以及感谢客户对自己玉器店的照顾。

这些客户都是喜欢玉器的，期刊上的玉器知识正好让他们了解了更多玉器，因而客户觉得非常不错。

这位玉器行的老板还告诉客户，其他的老客户也觉得这期刊做得不错，并推荐给了自己的朋友，还问可不可以将免费的期刊寄给这位客户的朋友。有时玉器行老板对老客户说："我想你也有这样的朋友吧，需不需要我将这些期刊寄给他们呢？"老客户听到这样的话非常高兴，觉得玉器行的老板是一个很热心的人，因为这个免费的期刊邮寄是需要成本的，所以这位老客户就很开心地介绍了自己的几位朋友给玉器行的老板。

在这个案例中，玉器行老板就很好地利用了口碑营销，他让老客户推荐朋友接收免费的期刊，因为期刊里面有很多关于玉器的知识，所以老客户才会将这本期刊介绍给自己的老朋友，这样就达到了转介绍的目的。

7.4.2　口碑营销的优势

近几年，消费者在购买商品的时候，心理决策发生了很大的变化。消费者购买一件商品，从最初的大众消费到后来的品牌消费，再到近年来比较流行的体验消费。国内小米品牌的迅速崛起也是利用了互联网媒体的口碑营销，而小米口碑营销的核心就是用户的参与感，通过众多的粉丝进行传播，由粉丝介绍或是影响周围的朋友也购买小米手机。

"做爆品"是品牌的战略。产品在规划阶段就要有魄力做到最好，要做就做市场第一，这样就会形成规模效应。"做粉丝"是用户的战略，口碑的扩散就是用户最好的信任书，用少量的用户争取到大量的用户，口碑营销让大量的用户成了小米的粉丝。而"做自媒体"是内容的战略，同样它也是有口碑营销形成的，鼓励每个用户都成为产品的代言人。

"口碑扩散事件"就是先挑选一批对企业产品最认同的消费者，进行小范围的互动、口碑传播，然后把基于互动产生的内容做成话题事件进行传播，这样就能让口碑产生裂变，影响到数百万人甚至数千万人进行参与互动，同时也扩大了用户的参与感，从而让参与感形成口碑的"风暴效应"。

7.4.3　互联网时代口碑营销的方式

互联网时代口碑营销的方式有哪些呢？其具体内容如图7-4所示。

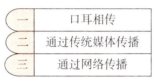

图7-4　口碑传播的途径

1. 口耳相传

在媒体不发达的时候，口耳相传就是口碑营销的主要方式，到了现代，口耳相传的传播方式依然很实用。美国的一家诊所采用不同的形式在报纸上打广告，接纳其他诊所不愿意接纳的穷人看病，而看病的费用则是病人根据自己的经济条件进行支付，甚至有的病人没钱支付也同样会得到这家诊所的治疗和服务。

这家医院唯一要求病人做的是将医院的名片发给四个人，并且真诚地向这四个人介绍和推荐。刚开始到这家诊所来看病的大部分都是穷人，医院的收入非常少。逐渐地，有钱人也慕名而来，甚至还有很多社会上有名的人士来光顾，这家诊所的名气也越来越大，随之而来的不仅是金钱，还有极高的赞誉。

通过口耳相传的方式来传递产品的信息，必须要以好的产品和服务作为基础，让客户感到满意，这样客户就能够主动地介绍自己的朋友成为企业的新客户。

2. 通过传统媒体传播

将一个口碑事件通过报纸、电视、宣传单、广播等形式传播出去，以扩大企业产品口碑营销传播的力度。同时，企业也可以制造人们感兴趣的话题，来吸引媒体主动传播。比如，一家购物广场做了一套身高约2.4米的人才能穿的铁衣，在商场的门前贴两张告示：征集可穿该铁衣的人为大厅的保安，年薪15万元。这个消息一公布肯定会有媒体主动报道，虽然会有人来应聘，但不会选出合适的人选。不过，这样的行为却达到了很好的宣传效果，只用几百元钱的制作费用就换来了上百万元的广告宣传费用才能达到的宣传效果，且宣传的效果还是广告所不能比的。

3. 通过网络传播

网络传播之所以成为一个独立的口碑营销方式，是因为它和传统的口碑营销有所不同。因为网络传播具有主动性，如果应用得好它的效果是难以想象的。同样内容的传播事件，在传播对象的论坛、微博、贴吧、微信中发布消息，然后再通过高投票的意见来传播，这些高投票的意见就是可以影响传播效果的公众人物或是出名人物。比如传播的对象是追求时尚的青少年们，那么偶像级别明星的言论对于信息的传播影响是非常大的。

7.5 进行互动，让客户再次参与

现在的市场竞争已经超过了产品功能竞争的阶段，进入了服务竞争的阶段。对于一些行业来讲，如金融业、餐饮业等行业，服务就是主要的工作。

一个经济学家曾说："世界上20%的人拥有80%的财富。"这个原则被广泛地应用到了商业。在企业客户价值中，往往少数客户却创造了大份额的利润，这些客户就被称为重要客户。如何与这些客户建立长久的合作关系，是管理者急切需要解决的问题。

要想与这种客户建立良好的关系，必须突破在商言商、一手交钱一手交货的交易模式，想要这种合作关系长久地稳定下去，就要和客户零距离接触，培养客户对企业的信任感，与客户进行互动和感情交流。

7.5.1 实现零距离的服务

商品在早期的交易过程中，企业与客户是面对面、一对一的，客户的个人习性、对商品的需求、使用产品后的满意程度都能够被企业了解，这样企业就能及时调整自己的战略，并改进自己的产品。可是随着社会的发展，企业的各个生产部门都进行了分工，以至于很多企业连自己的最终客户是谁都不知道，更谈不上和这些客户进行交流互动。

会员原本是政治上的术语，代表着政治界有权威的人物，但是这个术语现在在商业领域被广泛利用，它代表着客户群体中最具价值的那一部分客户。企业可以改善沟通渠道，增强与客户之间的交流力度，使企业与会员之间实现零距离接触。例如：一家商场的门前有很多人在排队买单，忽然有一个客户没有排队就直接走到收银台前买单，这时其他的顾客议论纷纷。该商场的工作人员解释说："商场有规定，只要购物累积到一定的金额，就可以享受不用排队买单的服务。"既然有了这样的规定，其他的客户也就没有异议了。

企业可以根据服务的类型，将服务分成被动服务和主动服务。被动服务就是在客户有需求的情况下为他提供服务，而主动服务就是为客户提供关怀性的增值服务。主动服务是当今各个行业服务的重点，企业在提供主动服务时，可以达到很好的互动效果。

企业还需要建立一个客户反馈的渠道，让客户的意见和评论能够在反馈渠道上呈现，然后再将这些信息流传到各个部门中去，这是企业服务体系的重要环节。如果消费者咨询一家商场，普通客户可以通过电话或问卷的形式进行意见反馈。

而对于会员客户，客户经理则每月进行一次专门的拜访，并把收集的客户意见填写在意见表上，而职能部门的经理至少也要每半年拜访一次重要的客户。这样面对面的互动沟通能够有效地减少网络上层层累积的信息失真，还能够很好地把握客户的心态，从而快速地处理或是预防有损客户利益的事件发生。

企业在建立客户反馈渠道时还要考虑渠道的便利性，大家都知道在公共场合，如机场、车站、广场等放置的客户意见反馈表，实际填写的人却没有几个。因此，意见反馈表要能方便用户快速填写，这样才能有效地反映出企业遇到的问题。

7.5.2　让客户信任企业

在客户关系中有一个很重要的术语叫客户忠诚度，它是以客户平均交易额、客户交易量占企业总消费量的比例等指标来衡量的。建立客户的忠诚度，企业首先要通过长期的服务来获得客户的信任，即使客户以后有其他的商家可以选择，也会心甘情愿地和企业合作。客户信任是一个品牌形象和价值的重要组成部分，那么企业如何争取到客户的信任呢？

关心客户就像关心自己的亲人。曾经有人想买一份地图，书店的人问他为什么要买地图？这个人说想找一个地名，于是这个服务员就替这位顾客找到了这个地名，之后还建议这位顾客不用再买地图了，为客户省了不必花的钱。虽然这是一件很小的事情，但是体现了书店服务员关注客户利益的服务态度。从商业的角度讲，他没有卖出地图，但他和客户之间建立了信任，他的焦点不是放在眼前这一点小的利益上，而是希望和客户长期合作。相比之下，有很多企业服务人员的眼光是很短浅的。

大家都应该有购买家电的经历，大部分商家凭发票维修一年的承诺都是假的。因为经过一段时间之后，多半消费者找不到发票了，这样当时承诺的维修也就没有办法兑现了。很多商家认为这是消费者自己的问题，但是从维护客户利益的角度去想，商家只是把维修家电当作维护消费者利益的一个幌子，所以商家对于消费者的服务有必要改一改了。现在的验证系统很发达，商家完全可以根据家电的编号和购买的日期来为消费者服务，这样就能够为很多用户提供便利了。

企业的服务可以让一般客户和会员客户共同享用，但是服务的项目可以区分开来，或者是同种项目有不同的服务内容，这样能够体现出差异化的服务，扩大企业的边际利益。差异化的服务不仅要体现在普通客户和会员客户的差异上，还要体现在会员客户差异化的服务上，因为各个会员办理的业务有所不同。

7.5.3　让客户参加活动

让客户参加活动，最重要的就是与客户进行很好的互动。如何才能做好互动呢？其方法如图7-5所示。

图7-5　互动四要素

上文中已经讲到了互动的两大要素：零距离的服务和让客户信任企业，同时企业在开展重大活动时，不要忘了请客户参与到活动的过程中，这是企业与客户之间进行互动和感情交流的最好时机。这样做一方面客户可以从自己的角度对企业提出要求，让企业将这种要求考虑到自己的产品中去，这样生产出来的产品才不会被客户拒绝。另一方面，在互动的过程中，客户觉得自己被尊重和关怀，这种感觉会换来客户对企业的忠诚度。

在网上消费的客户，可以在网上查询到自己的产品在运营系统中到了哪个环节，以及各阶段是否达到了自己的订货要求。现在有的商家生产实行透明化，客户站在外面可以看到生产的整个过程，这样做让客户对自己的产品心中有数，也更放心。当然这还需要客户能够及时地表达自己的需求。

7.5.4　感情交流

企业的发展和留住有价值的客户都是建立在有效的互动中的，企业可以在互动的过程中抛开企业和客户的这种关系，积极地进行感情交流。除此之外，企业也可以采取其他措施建立自己的客户体系，还可以定期地评估和不断地修正客户服务体系，真正地体会互动带来的改变。

7.6　一切皆可数据化、可视化

目前，文字被转化成了一个个数据，声音也被转化成了数字音频，图片也被转化成了各式各样的数字图片。京东、淘宝、唯品会等不同形式的电商平台上摆的是数据化的商品，美团、糯米等团购网站上的打折信息也是数据化的服务，微博是数据化的观点和评论，微信让人与人之间的关系数据化了，手机数据化了人们的位置，而各种地图数据化了地理环境。现在人们都应该意识到一切事物和行为都可以数据化。

7.6.1　数据化时代的趋势

无处不在的传感器让一切数据化变成了可能。而现在的智能手机就是一个综合的传感器，是一个功能强大的数据化移动终端。现在的手机之所以被称为智能手机，是因为它有超强的感知能力和开放的操作系统，可以用各种应用程序来延伸手机的感知能力。简单地描述智能手机的感知能力：它的麦克风就是耳朵，用来接收声音或是录音；它的话筒就是嘴巴，可以用来说话；它的摄像头就是它的眼睛，能够捕捉事物和情景；定位系统可以知道目前的位置；陀螺仪可以感觉到方向的变化。

移动网络是感知外界的桥梁，蓝牙数据的交换使它有了无限的想象空间，建立起人与人之间的互动。而Windows、iOS和Android移动操作系统，把智能手机开放给众多的开发者，孕育出上千万个应用程序，开启移动互联网的时代。

移动互联网的繁荣推动了可穿戴设备的萌芽，让数据化也如火如荼地兴盛起来。量化自身，就是不断地收集自己的身体指标数据，以求更健康地生活。于是，市场上就产生了各种各样的手表、眼镜、帽子等，这些可穿戴的设备里面都装了操作系统和传感器，将人体的温度、血压、睡眠、运动等数据全天24小时不间断地记录下来。然后上传到云端，再通过记录数据检测人的身体健康状况，并且能够及时地提供安全有效的医疗服务。

人们可以在办公室中依靠移动设备和通信工具感知到世界的各个地方，包括每一件商品和每一架桥梁，这就是物联网。所有的物品都将连接到互联网上，成为互联网的数据源，我们实时地上传或是下载数据。物联网的潜力之大，已经超出了人们的想象。

7.6.2　互联网对于行为的追踪

从搜索引擎到社交网络，再到每个人手上的移动终端，互联网的数据每年以较高的增速不断增长。其中90%的数据是来自于近几年，包括腾讯每天上亿条的信息、百度上亿条的搜索词条、淘宝上亿条的商品浏览记录和上千万次的交易记录，如果把这些数据储存到光盘里，光盘叠起来估计有地球到月球的距离。

互联网最大的特点就是网上的一切行为都可以被追踪和引导。互联网可以通过对线上的活动、浏览、购买、分享等信息进行分析，商家可以很容易地了解到消费者潜在需求，从而使得网络广告和商品的推荐成本很低，同时消费者的满意程度也得到了一定的提升。

互联网公司其实就是一个依靠数据来驱动的企业，微软、谷歌、亚马逊以及百度、腾讯等都是非常典型的数据公司。亚马逊有信用数据和交易数据，可以通过投资的方式来了解部分移动数据和社区数据。而百度这种搜索引擎公司有两种数据：一种是用户征求的数据；另一种就是爬虫和阿拉丁获取的公共数据。而腾讯是基于用户的交流产生了大量的社交数据。所以说，百度、腾讯都是数据大王，坐拥着庞大的数据金矿，但是它们数据的性质是不同的。

所以互联网公司在跨界做金融、零售、媒体等行业的时候，首先要掌握的就是客户的数据，这些数据能够帮助公司找到方向和做出更好的决策。信息数据不仅可以说明过去发生的一切，也可以驱动现在，更可以决定未来。一个互联网的公司的董事长说："在未来，在互联网的作用下，传统的企业也会改头换面，但是它们都只有一个名字，那就是数据公司。"

当今各行各业的数据正在迅速地膨胀并变大，它能够决定企业未来的发展。人们将会越来越意识到数据对于企业的重要性。大数据时代已经降临，在商业、金融等其他的领域中，企业的决策也将会依靠数据的分析，并非像以前一样依靠个人的经验和直觉，而数据也必将一切数据化、可视化。

7.6.3　阿里巴巴将企业数据化

目前，世界上产生的数据有80%是用户自己产生的。据统计，到2020年，全球可能会有600亿个设备连入网络中，地理位置、搜索词条、基因数据、健康数据等都将成为为个体服务的有效数据源，这也意味着商家对客户都有了精准了解的机会，可以和客户真正地做到零距离地接触。正是这种巨大的商业机遇，使得大数据成为国际大型企业投入使用的竞争利器。

通过移动设备、社交网络、视频等媒介源源不断产生的非结构化数据，这为企业了解客户的喜好和预测市场的发展提供了很大的便利。因此，对于一个企业来讲，如果能够正确地利用大数据就拥有在行业中的竞争优势。大数据的价值已经深入到企业的决策和运营中，由此也带来了大数据技术的飞速发展，所以今天的时代已经被大数据所包围，记录着人们的一举一动，让全球的一切可以用数据来说话。

阿里巴巴曾在杭州召开大数据峰会，讨论的是如何挖掘数据的能量，让数据成为一种工具、一种技术，让数据发挥它全部的商业价值。数据的工程化和标准化是大数据能否被应用的基础，支持大数据计算的就是云计算。2013年，阿里巴巴"数加"平台的集群规模已经达5000台，这标志着阿里巴巴可以和亚马逊、谷歌相媲美。

阿里巴巴自成立十多年以来已经积累了金融、贸易、地图、运输、生活服务等多种类型的数据，已经超过100PB的数据，这些数据之间存在着联系，合理地运用这些大数据是阿里巴巴集团全体员工的共识。从数据的商业价值来看，阿里巴巴对未来的布局可能就是围绕整个数据应用体系而展开的。

第八章　优化流程：为“大而全”累积动力源

优化流程是指企业通过不断地发展、优化和完善业务流程，从而保持企业竞争优势的一种策略。在流程的实施过程中，企业要不断地对流程进行改进才能达到最佳的效果。当小企业积累一定的实力后，就可以利用这种优化流程进行企业扩张。

8.1　扩张之前的流程梳理

企业家们都应该明白，当市场的环境和企业的状况有所改善时，企业就会把关注的焦点从如何生存的问题转化为如何增长和扩张，而并购就成了企业扩张和利润增长的重要途径。企业都希望拓展新的市场和建立一个成熟的品牌，因此企业在拥有多余的资金时，收购其他企业的意愿也会变得越来越强烈。

8.1.1　扩张的方式

中国企业的扩张多数都是靠自身积累，因此，它们缺少并购经验。随着近两年并购的案例不断增多，国内的企业也在摸索中不断成长。一个专注于企业并购实践课的教授认为：企业如果想在并购前和并购后都取得成功，就应该在并购前做好调查，要了解相应的法律条文。在收购后，要与被收购的企业进行更好的整合，要努力保留企业原来的核心人员，并注重品牌的建设。总之，并购是一个复杂的过程，要在战略、运营、财务等方面找到一个好的解决办法。

企业扩展通过外部收购的方式要比靠自身积累的方式速度更快、效率更高，而且还能将风险降到最低。首先，企业通过并购的方式可以很快达到扩张的目的；其次，收购可以很好地利用被收购企业的资源。企业是一个有效配置资源的组织，企业的资源除了建筑物、机器设备、原材料、产品等看得见的资产外，还有商标、专利权、技术等看不见的资产。另外，企业还有人力资源、客户资源和企业的文化资源等。

企业利用收购进行扩张，不仅获得了被收购公司的资源，还能够获得宝贵的经验和数据。在很多行业中，企业的经验在积累到一定阶段后，可以观察到企业业务单成本的上升或是下降的趋势。

一般来说，收购的分类主要有以下四种（图8-1）。

一	按收购对象的行业划分
二	按收购的起因划分
三	按收购双方的意愿划分
四	按收购的程序划分

图8-1　收购的种类

1. 按收购对象的行业划分

按收购对象的行业可分横向并购、纵向并购和混合并购。其中，横向并购是指为了扩大企业的规模和提高市场占有率而在同一行业内发生的并购行为；纵向并购是指企业业务的前向或是后向紧密相关的企业之间的收购行为；混合并购是企业为实现多元化经营和提高市场份额而产生的纵向或是横向的并购行为。

2. 按收购的起因划分

按收购的起因可以分为规模型收购、功能型收购和成就型收购。其中，规模型收购是通过收购大规模的企业，减少自己企业的生产成本和销售费用，以此来扩大市场份额；功能型收购是通过生产经营的一体化来完善企业的产业结构；成就型收购是通过收购来满足企业的扩张愿望。

3. 按收购双方的意愿划分

按收购双方的意愿可分为协商收购和强迫收购。其中，协商收购是双方通过达成一致的协议而产生的收购行为；强迫收购是一方通过强硬的商业手段来收购另一个企业的行为，这种情况一般是在公司高层不情愿的情况下，某些投资者通过高价获得该企业的股份，以达到控制公司的目的。

4. 按收购的程序划分

按收购的程序可分为协议收购和要约收购。其中，协议收购是收购的企业不通过证券交易所而直接与目标公司进行联系，通过谈判达到收购的目的；要约收购是收购的企业通过证券交易所，并持有目标企业30%的股份时，向目标企业的股东发出收购要约，按法律规定的价格来购买其股份，以达到收购的目的。

8.1.2　收购式的扩张

2013年5月，南京钢铁股份有限公司的控股股东南京钢铁集团有限公司，与三家上海复星集团的关联公司共同出资设立南京钢铁联合有限公司，其中，上海复星集团持有南京钢铁联合有限公司45.31%的股份，是其第一大股东。2013年6月，南京钢铁股份有限公司收到了要约收购书，成为国内要约收购的第一例。收购该公司的是上海复星集团公司，以接受非流通股份的价格进行收购。

并购前的业务流程：企业要准备前期的工作，与被并购的企业进行谈判，并签订并购的意向书等。在并购之前企业要尽量调查清楚被并购企业的情况，还要拟定并购的方案和提交并购的研究报告等。

8.1.3　海尔的扩张流程模式

随着经济全球化浪潮的到来，消费者的需求越来越表现出个性化和多样化的特征，市场的竞争也越来越激烈。海尔集团以市场链为纽带的业务流程再造企业的新创新、新管理。海尔在比较大的公司规模的前提下能够保持快速的发展，关键是海尔形成了适应自身发展的创新系统。海尔把它总结为：观念是创新的先导，技术是创新的手段，市场是创新的目的。

下面以海尔为例，说明一下其业务流程创新管理的主要内容，其具体内容包括以下三个方面（图8-2）。

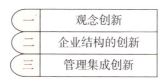

一　观念创新

二　企业结构的创新

三　管理集成创新

图8-2　海尔流程模式的主要方面

1. 观念创新

海尔的流程创新首先体现在观念创新上，海尔的观念创新体现在索赔观念和负债经营观念。在海尔的流程模式下，海尔员工的报酬都是来自于市场，只有员工的工作得到了市场的接受和认可，员工才能够获得报酬；不然，员工不仅拿不到报酬，而且还会被用户要求索赔。也就是说，海尔以市场和客户作为价值评判的标准。

海尔把这种负债管理的方法落实到每一个业务流程中，如果哪个业务流程没有获得报酬、也没有被要求索赔，那么这个业务就出了问题，而由利益关系的第三方制约并解决这个问题，这就是跳闸。当每一个员工形成这样的观念的时候，员工与市场之间也就没有了距离，员工每一个月的收入也都来自于市场，通过市场的链条来激发员工的责任心和创造性。

2. 企业结构的创新

在海尔的市场法则中唯一不变的就是永远在变，在这种情况下海尔的战略会随着市场变化而不断地创新。从海尔实施品牌战略到海尔适应多元化扩张的组织结构，再到海尔实现国际化战略目标的流程结构，都体现了海尔企业结构的创新之路。流程结构实现了由传统功能向流程组织性的转变，是对传统组织结构的创新，也是业务流程再造的成果。真正面向客户的流程结构带动了整个企业系统的创新。海尔的流程再造达到了三种效果，即资金零占用、质量零缺陷和客户零距离。这些都使海尔的管理水平进入了更高的层次。

3. 管理集成创新

海尔集成链的模式，把横向层次的业务流程通过SST（即索酬、索赔和跳闸）机制整合起来，在纵向的层面上优化了分供方的价值链、渠道价值链和客户价值链。这样海尔形成了基于市场纵横交错的网络结构，并获得了价值集成的效应。

从管理体系上看，把不同业务流程的管理技术通过市场集成起来，形成一个完整的管理体系，把市场的压力通过业务流程无差异地传递到每一个岗位上，使市场的信息流动化。这样加快了信息沟通的速度，加深了信息反馈的程度，全面地激活了企业整个流程的活力。

8.2 新品类的设置剖析

很多企业对于新产品都有极大的兴趣，这是因为新产品的背后隐藏着巨大利益和市场诱惑，同时新产品还代表着一个企业具有创新力和活力，可以给消费者和零售商更多的信心。

然而事实却是：即便像宝洁这样组织严密、新品成功率很高的企业，在新品上市时绝对成功的概率也不是很大，在全球有55%的新产品失去了上市价值，在亚洲有80%的新产品失去了上市价值。新产品虽然带来很大的商业机遇，但是同样也存在着很大的风险，当新产品的风险大于机遇时，对于新产品的上市，企业准备好了吗？

8.2.1 新产品开发的误区

新产品开发的误区有哪些呢？其具体内容如图8-3所示。

一	新产品开发的误区
二	决策的误区
三	研发、心态上的误区
四	营销的误区

图8-3 产品剖析

1. 新产品开发的误区

首先要认识误区，相对于老产品，新产品是对它完全的颠覆，是一个全新的从未有过的产品。新产品一般追求新、奇、与众不同，而由于对产品的了解和认识的局限性限制了新产品的开发途径。其实新产品可以从更广阔的方面入手，不要局限于上面的几个特征，对于产品的改良、功能的延伸和产品的升级等一系列的改动都可以称之为新产品。

2. 决策的误区

企业决策者以个人爱好或是经验来决定新产品的开发，提出新产品的开发创意。如果没有得到调研公司和市场数据的支持，只是凭多年积累的市场经验和灵光一闪，在很大程度上这个新产品是不会受到消费者欢迎的。

3. 研发、心态上的误区

如果企业研发者只是靠手中的资料来对新产品进行研发，无异于闭门造车。而在心态上，有的公司领导人认为有新产品总比没有的强，如果以产品价格低、不怕没人要的心态去研发新产品的话，这种新产品即便是上市，也不如老产品卖得好。

4. 营销的误区

把消费者购买误认为是消费者的需求，不管企业的现状紧跟行业里的大品牌去开发新产品，这样容易导致研发的新产品没有价值。

以上误区不仅是个别小企业出现的情况，而且也是目前大多数企业对新产品开发共同面临的难题，这样的误区，轻则会降低新产品开发的成功率，重则会给整个企业带来重大的风险。

那么新产品的开发为什么会有这样的误区呢？原因其实很简单，就是企业缺少对于新产品的剖析，不清楚新产品在开发前需要做什么。

8.2.2 开发新产品时企业需要做些什么

企业在开发新产品时应做到哪些方面呢？

1. 要建立新产品开发的机制

企业建立新产品开发机制的目的是减少决策的失误，提高新产品研发的成功率，这样就能有效地避免产品开发的盲目性和随意性。首先，产品开发机制的建立可以降低新产品开发的风险，同时还会对产品的开发起到推动作用；其次，新产品开发的机制可以为新产品的开发建立透明、公平的标准，确定新产品推出的标准和评估产品淘汰的体系，为新产品的开发提出决策性的依据。

2. 建立新产品开发管理的程序

建立新产品的开发程序是为了明确新产品的开发路线和新产品上市的各个要领。让新产品的开发依据市场的规律和需求进行，避免不科学的产品开发造成不必要的损失。新产品的开发一般要经过以下五个步骤（图8-4）。

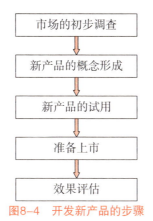

图8-4 开发新产品的步骤

8.2.3 新产品上市企业要做些什么

要做好新产品上市的准备工作。因为无论做什么事情，准备得越充足，成功的可能性就越大。除了在新产品开发前做好市场需求的调查工作外，对新产品的设计、包装、概念、价格、名称以及产品的定位、与消费者的沟通、广告的创意和宣传等都要经过分析。如果只有这些准备还是不能保证新产品的成功上市，新产品上市还要考虑好以下工作（图8-5）。

图8-5 新产品上市应做好的工作

1. 销售人员的准备

新产品由于没有用户，它在上市前的知名度、客户忠实度、消费者的认知度都很低。消费者不可能马上就能接受企业的新产品，如果形成这样的局面，新产品就会积压起来，销售就会受阻。当企业陷入这种恶性循环的时候，这时就需要销售人员的推动。企业如果没有这样的销售人员，新产品做得再好，也不会达到令人满意的销售效果。因此，企业在新产品上市期间，要加大销售人员的投入力度。

2. 各个部门之间的沟通

新产品在开发的时候不可能是一个部门能够完成的，它牵扯到各个部门，凝聚着各个部门的努力和汗水，是企业全体成员共同努力的结果。同样，新产品的上市也不可能是营销人员孤军奋战，企业的市场策划人员也要给予一定的指导，生产部门要提供充足的产品，物流部门要确保物品能够准时到达客户手中。如果销售人员将新产品卖得如火如荼，而企业的生产部门却供应不上，那会怎样呢？甚至，销售人员销售不出去新产品，而生产部门不按订单生产，造成大量的库存，那又会怎样呢？只有企业的销售部门和其他各个部门很好地配合才会出现好的结局。所以，新产品上市前企业各个部门的协调沟通是很重要的。

3. 产品的推销工作

新产品能够顺利上市，必须要经过销售部门、经销商、零售店、消费者这几个环节。如果新产品少了这几个重要的环节，就不会知道这个新产品的好处，无法认可企业的产品，又怎么能很好地推销企业的产品呢？这样自然就降低了新产品上市的成功率。因此，企业要注重产品的推销工作，让更多的人了解新产品，并产生购买欲望。

4. 激励政策的制定

新产品的上市存在着风险和机遇，如果一直是风险大于机遇的话，就意味着经销商要承担着很大的风险，而销售人员也要付出更多的努力。如果企业的新产品在上市前没有好的激励政策，沿用以前老产品的激励政策，就会让经销商失去进货的积极性，销售人员的积极性也很难调动起来，从而造成他们不愿意主动去推销新产品。因此，切实可行的激励政策是企业必不可少的机制，而且在新产品上市期间，企业还要加大激励措施，让销售人员全力以赴，从而让新产品快速融入市场。

新产品上市也需要一个过程，企业只有给予更多的关注，才能确保产品成功上市的概率。在新品上市的过程中要对新品实行监控，可以使企业更好地了解新产品在市场上的进展情况，企业还要对消费者的意见和市场的问题进行及时调查，以便适应市场的实时变化。而且通过监控也可以让企业知道新产品的推广进度，对产品的价格、销售策略实行有效的监督和调整，从而为新品的上市提供保障。

8.3 大数据引路，引入"互联网+"

"互联网+"成为中国互联网的热门话题，李克强总理指出："我想站在'互联网+'的风口上顺势而为，会使中国的经济飞起来。"如今，制定"互联网+"行动计划已经写进了政府工作报告中，纳入了国家经济战略的顶层设计。事实上，"互联网+"也给中国带来一次巨大的淘金机会。

"互联网+"正在逐渐走入人们的生活。在未来，互联网就像水电一样，让人们无时无刻离不开它。仔细想一想人们一天中有多少时间是在智能手机承载的移动互联网上度过的，是6小时还是10小时？

8.3.1 "互联网+"带来的变化

复星国际的CEO梁信军在给股民的一封信中称：互联网由于使用者太多，还能够随时随地使用，在将来必定会和物联网连接，并且深刻地改变着周围的一切。移动互联网使中国的市场一开始就站在与美国同样甚至是还要大的起点，移动互联网在很短的时间内迫使传统行业进行转型，融入到互联网中，未来每个行业都将在互联网环境下寻找生存之道。

而华泰证券互联网行业首席分析师也认为，"互联网+"带来的变化，重新构造的不只是商业模式、资本流向和估值方法，还有人心，这是重新构造的三次方，将重构出互联网的大时代。互联网在重新构造之后，中国的市场将会迎来下一个机会——大数据时代，它将会引领世界互联网的升级潮流。如果说德国是制造业的中心、美国是创新的中心，那么未来的中国将会成为互联网数据和服务的中心。

在人们畅想未来的生活场景时，一场轰轰烈烈的产业转型也正在进行中。"互联网+"的过程也是传统行业的转型升级过程。在过去几年中，这一过程呈现出"逆向"的互联网化过程。"互联网+"研究报告列举了很多被互联网改造的传统行业，比如零售业、制造业、金融业、农业、运输业等，当然被互联网改造的行业不只这些。互联网+A，A就会无穷地变大，给企业带来无限的想象和发展空间。

"互联网+"研究报告指出，作为互联网与实体业融合的互联网经济，极大地扩大了消费者的需求和新的基础设施。同时还指出，互联网与零售业的结合促进了电子商务统一大市场的形成，释放了内需消费的潜力，并且将国内的流通业在全国范围内覆盖，实现了跨越式发展。这些发展得益于技术和商业模式的变革，流通业的效率才得到很大的提升。

8.3.2 "互联网+"对于传统产业的改变

"互联网+批发业"，带来的是产业集群线上的转型，当互联网遇上了传统的批发市场时，就催生了在线产业这一新型的业态。在线产业是传统产业和专业市场在互联网上的映射和延伸。它汇集了生产厂家、零售商、渠道商、消费者、第三方服务商等多种角色，可以帮助零售商提升竞争力，也可以帮助消费者直达货源地，从而降低购买成本。

"互联网+"的模式也延伸到了制造业中，实现了柔性化生产。制造业通过互联网大大减少了生产与销售不对等的信息，加强了工厂与市场的紧密连接，并且催生了一种新的商业模式：C2B模式，即消费者驱动的商业模式。C2B的商业模式要求生产制造系统具备个性化以及快速响应市场的特性。这与传统B2C商业模式的标准化、大批量、刚性、缓慢的生产模式是完全不同的。

互联网与外贸的结合催生了跨境的电子商务。借助于互联网、网上支付和现代物流等信息经济基础设施，以互联网的方式进行服务和交易的跨境贸易活动，就是跨境电子商务，这种商务模式推动了外贸活动的各个环节，使每个环节网络化、数据化、透明化，具有面向全球、流通迅速、低成本的优势。

"互联网+农业"，让农业焕发出新的生命力。"互联网+"不仅改变了农产品的流通模式，还催生了农产品电子商务的繁荣，也推动了新农群体的诞生。新农群体的核心基因就是互联网，这也是传统农民和新农民的区别，也是和新型职业农民最大的不同之处。在互联网的帮助下，新农民具备了直接了解市场的能力，从而改变了以前农民信息不灵通的情况，让农业从末端走向了前台。

"互联网+金融"是目前最火的组合形式，酝酿出了近年来炙手可热的互联网金融。以央行发行的第三方支付牌照为标志、第三方支付机构为渠道，进入互联网金融规范的轨道。从2013年到现在，互联网金融飞速发展，P2P网络借贷平台、第一家专业网络保险公司都是基于互联网金融发展起来的。从实体经济的角度去看互联网金融，它有着很好的实体经济基因；从服务的对象去看互联网金融，它能够更好地服务于创业企业和中小型企业。

受互联网诸多利好因素的影响，股票市场也是气势如虹，关于互联网和股市的猜想也在不断展开。

"互联网+"在各行各业发展得如火如荼,带动企业发展指数更是创下了历史新高。有数据显示,"互联网+"指数在教育、旅游、医疗、互联网支付等领域中遥遥领先。

"互联网+"的本质就是把传统的产业数据化、网络化。无论是电商零售还是在线批发、快的打车、淘宝等,都在努力地实现交易网络化。只有把商品、交易行为和人都迁移到互联网上才能够实现网络化,才会产生活的数据,随时被挖掘和调用。网络化数据的流动性是很强的,不会再像以前一样被封闭在某个企业或是部门的内部。而数据只有流动起来才能发挥它最大的价值,网络化数据可以使产业上下游、协作主体之间以最低的成本完成交易。

8.3.3 "互联网+"是创业的首选之路

现在创业都是采用"互联网+",近几年来创业板风光无限,创业板指数累计涨幅达到了60%,市场盈率更是超过了以往的90倍,甚至有的市场盈率超过了1000倍。英大证券研究所所长称:目前创业板的估值为地球最高峰。

东方财富的数据统计显示,在2015年的5月份,创业板中有80只个股的股价涨幅超过了100%。除了当时的新股外,其他股都和"互联网+"有关系,包括互联网金融、互联网教育、互联网汽车等。互联网在各行各业中不断地发挥它的作用。

现在市场上还有很多"互联网+"的概念还没有被挖掘出来,所以还有很多机会。因此,只有真正地理解了这场互联网革命,才能从这场革命中摘到胜利的果实。

8.4　品类冲突时的解决方法

企业在生产商品的时候会出现同一种商品价位不同、不同商品却功能相同的情况，这时候两种产品就会产生矛盾，需要零售商对产品进行分类管理，使两个相冲突的产品都能够很好地销售出去。

在品类管理中，空间管理战术决定了品类在门店中所处的位置，以及品类在众多商品的摆放位置，同时空间管理战术还可以对门店的空间利用效率进行合理的衡量。

8.4.1　商品的空间管理

零售市场是一个瞬息万变的市场，决定零售市场最终成败的因素就是消费者是否接受零售店的商品，能否在众多商品中占得自己的位置。那么，如何让相冲突的产品很好地融合在一起，并且在众多的商品中脱颖而出呢？除了对品类有一个完整的规划外，商品的空间管理也是很重要的一环。

商品的空间管理方法在协调品类冲突和品类管理中有很重要的位置，是品类管理在门店层面的落地。空间管理的方法决定了品类在门店内所处的位置，使两个相冲突的产品不再冲突。在空间管理的过程中，不仅要考虑门店空间陈列，还有对每个单品的陈列位置、陈列排面、陈列区域进行管理和分析。

空间管理的工作范围包括商品之间的关联度、品类之间的冲突、各商品的陈列和空间资源的合理分配。这里涉及品类陈列的原则、协调品类相冲突的重要解决办法、不同店铺在空间管理上的统一性和差异性、空间的使用效率分析等。

从客户角度来看，空间管理是影响消费者购买行为的一个重要因素，因为很多消费者在购买商品之前没有详细的计划，即使有购物计划的消费者，在零售店购买商品时，他们所购买的商品往往会多于自己购物单上所列的商品。根据调查数据显示，大约有78%的消费者对饮料食品类商品的购买属于冲动型消费，即便大部分的消费者没有打算购买饮料，但如果他们发现货架上或是冰箱中有饮料，就会增加他们购买这类产品的冲动。

从企业角度来看，空间管理可以对店铺的空间资源进行有效的利用，使店铺的库存水平变得更加合理，可以有效地减少缺货、高库存以及商品滞销现象，即使相冲突的产品也能很好地销售出去，从而达到提高销售量的目的。

8.4.2 对门店的布局

不同店铺品类陈列的位置和空间大小的设计都统称为门店布局。在一个有限的店铺空间中，如何确定两个相冲突产品的位置，如何确定空间大小，这都是企业在装修的过程中要考虑的问题。

零售店在开始布局前，品类经理就要确定使用哪种布局设计方案最能够体现店铺的形象。同样，不同的连锁店要做出不同的选择。门店设计一般要遵循以下原则：便利顾客、服务大众、突出产品的特色、提高效率、善于经营等。一般而言，大型超市布局方式比较复杂，一般是采用这样的布局：主通道式、回字通道式、井字通道式等。

零售商在确定好门店整体布局的前提下，由设计部门根据不同门店的空间大小和类型进行区域划分，设计部门应和品类经理一起确定品类的清单。这时需要考虑的因素：不同部门对企业的贡献率、超市在品类规划方面的目标和策略、哪些品种可以优先考虑进入市场、门店周围其他门店有什么样的产品、门店的主要消费目标有哪些。在门店面积固定的情况下，确定门店最多可以容纳多少货架和商品。

设计部门还应该和部门区域计划经理、品类经理、高层管理者进行沟通，确认每种商品的具体位置和衔接，根据品类的不同性质进行摆放。在这个步骤中，设计部门和品类经理应该考虑下面几个因素：进场商品的分类和摆放、商品的布局、商品的陈列、进场商品对商场的贡献率等。设计部门在综合考虑以上几个因素后，可以与品类经理一起确定门店内的分配比例和空间位置等。至此，门店布局的规划图算是初步完成了。

在完成门店规划的初步设计之后，品类经理应根据商品不同种类之间的互动关系和客户对其业绩的支持度，在已经分配好的区域间，将不同的品类依据商品的性质和功能依次放入。这时品类经理还需要考虑以下几个因素：不同品类对整个部门带来的影响和期望值、各个品类在不同季节的互补性和关联性、各个品类的摆放是否相冲突、是否方便运营和管理等。

门店布局在规划好后，并不意味着所有的规划都要按照这个方案执行，商场布局有时还会根据市场的变化或季节的影响而进行相应的调整。通常来说，夏季会对饮料和啤酒的陈列进行突出的调整，冬季会对取暖器或是其他的保暖物品进行调整，就可以在以前放啤酒的位置放取暖器或者是其他的保暖物品了。

如果企业的管理层有其他好的建议和区域调整的意向，品类经理可以和设计部门重新对品类进行调整，如果设计方案得到了企业管理层的认同，那么就需要品类经理协调商场的供应商和物流部门，让规划好的商品及时进场。

8.4.3 对商品制定标准

品类经理在整理好门店各小分类的销售占比和空间占比数据后，可以根据整理好的数据来分析目前店内商品空间的使用情况。

在整个门店布局确定之后，品类经理还需要考虑微观货架的陈列效果，这就是货架空间管理。有数据表明，在大型超市和大卖场中有70%的销售是通过促销实现的，而在沃尔玛有90%的销售是通过货架来实现的。店铺如何让消费者在有限的空间内方便地取到商品，以此来刺激消费者的购买，同时又能够体现出超市的形象和控制货架上的库存量、调整每件商品的周转，合理安排货架是提高店铺销量的关键所在。

为商品的品种制定一个标准，并使用这些标准来评价各个商品，最后通过分析来协调商品之间的冲突、种类、数量、价格与销售等。这种标准已经被企业广泛地应用到实际工作中，这时零售商需要协调整个标准，而不是单个商品之间的冲突。谋求各品类在一个细分目标市场中获得优势地位，具体还要通过企业提供的商品附加服务，使商品能够赢得更多消费者的喜爱。

即便是同类的产品，对于相同业态的零售企业来说，发展战略也有可能是不同的。例如，同样是超市，有的是靠卫生纸给消费者带来了方便，有的是靠食品给消费者带来了方便，而零售企业就会利用卫生纸的低价来建立低价的形象。

8.5　爱屋吉屋为什么先上海后北京

从正式上线到成为上海租房市场第一，爱屋吉屋仅仅用了四个月的时间。现在爱屋吉屋已经打算以低价策略冲击二手房市场，加速这个行业的洗牌。在这场房屋争夺战中，现金和成本的控制成了成败的关键。

8.5.1　爱屋吉屋的各项措施

2015年3月，经过一个月的测试之后，爱屋吉屋立马就推出了二手房业务。他们的宣传口号是：二手房佣金1%，租房佣金全免。一般来说，北京二手房的中介佣金是总房款的2.5%左右。按照这样的计算，如果客户成交一套500万元的房子，在北京和上海使用爱屋吉屋交易的话分别能够省下4万元和6万元。

降低佣金的房租公司不只爱屋吉屋一家，只是爱屋吉屋降得更低。在2012年年末，北京思源地产是最先降价的，宣布二手房买卖的中介佣金从2.7%降到1.5%。2015年年初搜房网又将这个佣金降低到0.5%。

同时，对房地产经纪人的争夺战也展开了，传统二手房经纪人的底薪在2200元左右，提成是佣金比例的20%以上。而爱屋吉屋称自己给经纪人提供了这个行业最高的底薪，爱屋吉屋的经纪人的底薪竟然是6000元，是其他公司的两倍左右。

经过这样的风波，其他房地产中介公司也有了准备，链家把经纪人的提成比例提升到了70%，思源地产给经纪人开的底薪是4000元～10000元，将佣金的比例提高了34%。除此之外，中原地产也拿出25%的股份用于骨干的持股计划，并将佣金的上限提高到了40%；我爱我家也推出了全员持股的金钥匙计划。

房产中介行业已经开始逐渐洗牌，行业的格局也隐隐显现出来。从宣布进入二手房市场的那一天起，爱屋吉屋的创始人邓薇在接受记者采访时说："在过去的大半年中，这个自诩中介行业'野蛮人'的女掌门，除了以低价格来冲击行业的潜规则外，还试图以公开的房源和推倒门店来颠覆这个行业的定义。"

8.5.2　爱屋吉屋的布局

在爱屋吉屋APP和官方网站上，上海和北京的客户都可以看到每个区域的房屋数量和10多套房子的详细数据，包括房屋的内景视频。爱屋吉屋在上海共有7万套房源，相比之下在北京的房源是比较少的。此外，爱屋吉屋从一开始就坚决舍弃实体门店，爱屋吉屋的经纪人也没有门店，全部都从办公楼里面办公，这对于房地产行业来说也是一个全新的尝试。爱屋吉屋的客户通过网站和APP渠道来预约看房，而爱屋吉屋的经纪人可以带领客户全城看房，直到完成交易为止。

爱屋吉屋的管理人认为实体门店是底盘化和码头化的标志，只要有实体门面店在，一家公司就不会成为一个完整的品牌。而且客户还要奔波于门店和房屋之间，也就是说有多个门店来服务一个客户，这样交易效率就会非常低。

但是对于传统的中介公司来说，门店却是他们立足的根本，是他们成为巨头的标志。链家在上海的门店超过了1000家，门店交易占总交易量的70.5%左右；中原地产在上海也有500多家门店；我爱我家也有400多家门店。

过去几年，随着市场行情的变化，很多公司都在开店—关店—再开店的循环过程中。21世纪不动产就是一个最好的例子，这家在中国有1000多家门店的房地产中介公司在美国上市五年，它的市值就缩水了5倍左右，不久便宣布退市。

易居研究院智库中心的研究总监严跃进认为，21世纪不动产的问题是所有传统房地产公司共同面临的问题。因为房地产交易比其他行业交易的波动要大，市场环境好和市场环境不好时的利润区别是非常大的。不过在房地产中介的市场斗争中，门店并不是成败的决定因素。在房地产中介公司向客户降价、给经纪人涨底薪的时候，如何保证资金流动和成本控制才是成败的关键所在。

经纪人的薪资是成本的主要部分，爱屋吉屋已经有4000多个经纪人，当爱屋吉屋喊出"提供行业最高底薪"时，也就意味着财务成本的猛增。如何控制企业的成本，在爱屋吉屋的创始人邓薇看来是很有自信面对的，她说爱屋吉屋的每个经纪人每月能够成交8单，这样的效率是其他公司的8倍左右，这样，成本就摊薄了。此外，刚创立不久的爱屋吉屋只有区长、组长和经纪人三层管理人员，公司组织结构非常灵活。

复杂的管理结构层制约着传统中介公司的发展，在这一点上，有新型的互联网企业背景的公司优势就大得多。传统的房地产中介公司中原地产的负责人认为，他们不可能把佣金比例提高得太多，如果前线人员就拿了85%，那么就没有钱给中层的管理者和后勤人员了。但是，传统的房地产中介公司并不是没有一点优势，中介行业的压力大部分都是来自现金的周转。经历过经济危机的中原地产在风险控制和财务安全等方面比爱屋吉屋这种新晋的企业要更有经验。

8.5.3 爱屋吉屋的优势

其实，爱屋吉屋自从进入房屋中介这个行业以来，它的很多表现在中介行业人士的眼中都是具有颠覆性的，比如颠覆性的业绩、颠覆性的增长速度、颠覆性的经营模式。这些都构造了一个搅翻现有格局的房产中介的异类。爱屋吉屋的一个中层组长说："爱屋吉屋能有这样的业绩靠的是平台和市场的布局，这是在其他地方学不来的。"

如果仔细考察就不难发现，爱屋吉屋有着区别于传统门店的发展模式，他们的优势就是平台。以互联网企业身份进入中介行业的爱屋吉屋，因为没有实体门店而成了中介公司的一个异类，一直受到同行业的指责，但却以传统企业望尘莫及的业绩给予了最有力的回应。

爱屋吉屋去掉门店的优势显著：打破了区域之间的划分，结合网络平台和移动终端进行开发，让资源信息呈几何倍数增长，让公司所有的经纪人都可以分享这些信息，从而无限地扩大了经纪人的发展空间。而这些领先行业的网络技术都被爱屋吉屋所应用。相比于传统中介的图片，爱屋吉屋推出的视频看房给他们带来成功的概率更大。

同时，爱屋吉屋的成本大幅度减少，这有利于他们把更多的资金注入到保障方面。高底薪和好待遇吸引了大量的精英，爱屋吉屋经纪人也以远高于其他工作的热情回馈着他们的客户，让客户感受到了尊重。

从爱屋吉屋的发展历程来看，爱屋吉屋之所以先在上海后到北京发展，主要是从房屋中介市场考虑，北京五家大型的房产中介公司已经把北京的房源给覆盖了，而上海的房产中介行业没有覆盖型的公司，爱屋吉屋从互联网企业着手，降低了竞争者的敌视心理，然后再从租房开始步入房产中介市场，等租房市场稳定后才进入二手房市场。爱屋吉屋所走的每一步都有详细的计划，最后逐渐转移到北京，成为房产中介的大公司，如果爱屋吉屋最初是在北京发展，那么它将不会发展到今天这样的规模。

8.6 当当网的扩张之路

当当网的CEO李国庆在接受记者采访时透露了当当网日后发展的战略路线，他表示当当网的扩张有两个路线：一是从图书扩展到超市，二是再从超市扩展到购物中心，以后建材、家具等当当网都会涉及。

只卖食品的叫超市，再卖衣服和鞋，那就是购物中心的主要发展路线了。而一旦卖起了衣服和鞋，商家就会吸引众多的品牌商，就可以直接开店，而不是商场的采购人员去采购。所以，要从一个小超市扩张成一个大型的购物中心，服装和鞋才是当当网应当大力培育的品类。现在，当当网在图书和婴童产品方面已经有了很大的发展。

8.6.1 当当网开放自己的平台

目前，当当网大力开放自己的平台，一是引进来，二是走出去。京东和天猫每天的流量都很大，所以当当网就在自己的平台上打造了一个购物中心。此外，当当网还发现，有些商品从垂直电商和品牌商角度看当当网有很大的优势，所以当当网就引进了国美、迪信等渠道商入驻当当网平台。不过，入驻当当网有一个前提，那就是服务必须要好，价格要实惠，而且严厉禁止假货。

对于当当网以店引店的开放平台模式，当当网CEO李国庆表示，当当网的定位是很明确的，当当网不会像天猫那样请那么多的商家入驻，因为这样管理很容易失控。当当网会选择自己看中的商家，而且这些商家还要围绕着客户进行定位，当当网只做中高端产品。以护肤品为例，当时对于卖不卖大宝当当网内部争议就很大。李国庆说为这么多中产阶级服务，他们不会吃亏的，毕竟每个商家的卖法都不一样。

李国庆认为网购下一步的发展方向应该还是品类的丰富程度，商品不仅要看价格实惠不实惠，而且服务也是很重要的。规模扩张的另一条路线就是数字化图书、数字化音像。李国庆说，因为当当网是从卖书起家的，聚集了很多读者。当当网电子书现在已经支持各种移动终端，而且付费下载的电子书可以支持五个不同的客户端。他还说，当当网在不久后还会上市一批阅读器，这些阅读器简单、便捷，而且还有保护眼睛的作用。

手机购物也是当当网扩张的主线路之一。李国庆说，在当当网没有做任何推广的前提下，手机当当网的半年流量已经达到了当当网总流量的20%。在当当网中顾客不仅需要浏览商品，有时还需要订单，在手机上购物，几分钟就可以完成。当当网以后还会强化自己的品牌——当当优品。当当网之所以做自己的品牌，是因为实体店商品的价格太高了，而当当优品同样品质的商品比同类品牌的价格低很多，而且利润还能高达45%。

在谈到图书时，李国庆说，2015年当当网图书销售额110亿码洋，在线图书销售以40%的市场份额大幅领先业界，已经遥遥领先于亚马逊、京东等网商。说到目前的电商价格混战，李国庆表示混战是商业初期阶段的表现，当当网是电商中唯一一家连续两年盈利的网商，但也参加了各式各样的市场价格战。网商的价格战，导致重新定位、排名次。

8.6.2　当当网的扩张布局

当当网作为一家综合性的电商，在开放平台的扩张之路上已经低调了很长时间，在经历了一段时间的潜伏之后，当当网终于开始了下一步的扩张之路。尽管从财报中可以看出当当网在2011年的两个季度出现了净亏损，但是对于当当网的董事长俞渝来说，当当网所面对的不是一个困境而是一个必要的投资。

这里面的投资包括日用百货等品类的扩张，也包括库存物流等用户体验的改良投入。在2012年年底，当当网投入4亿元在天津市建设一个华北地区的总部基地。从图书起家到网络商城、再到多品类共同发力的综合平台扩张过程中，当当网正经历着不可避免的喜悦和尴尬。

从现阶段中国的综合性购物网站来说，亚马逊和京东成为最受欢迎的两个商家。京东强调的是规模，俞渝希望当当网的规模比京东更大一些，商品也更丰富一些。

当当网从一个网络图书平台扩张到综合性的购物平台，和亚马逊的扩张之路倒是有些相似。特别是当当网透露在2013年的时候它的百货业务增长了179%至10.94亿元之后，一个明显的信号也透露出来了：那就是当当网从一个全力开展图书业务的网商扩张到开放性的综合平台，与亚马逊的扩张之路有些吻合。

在当当网的品牌形象方面，很多消费者觉得它只是一家书店，但是当看到2013年的财报时，当当网的百货销售总成交额11.5亿元，超过图书的9.3亿元，这是其百货业务占比首度超过图书业务。据当当网总监介绍，服装、日用百货、美妆等都是当当网以后扩张的重要方向，甚至美妆由他们公司的高层亲自上阵，有些东西高层亲自上阵，员工的胆子也就会更大一些。

8.6.3　当当网的电商措施

在平台开放方面，当当网开放的对象除了多数综合性的网络商城以外，还有很多的自由品牌，包括了垂直领域的B2C电商。在B2C电商之中，零售商比当当网拥有更丰富的采购知识，所以他们能为客户提供所需要的产品。因此无论是家电还是服装，只要是比较好的B2C公司、价格又实惠，当当网都会邀请它们加入商店街。当当网的市场总监认为，商店街和商家活动是当当网2012年扩张的重大举措。

在品类扩张方面，借力是当当网的重要方式之一。这个方式最突出的地方体现在3C（计算机Computer、通信Communication和消费类电子产品Consumer Electronics）产品上。不久后，盛传已久的当当网和国美的合作终于展开了，据当当网的市场总监透露，合作的方向就是让国美的3C产品入驻当当网。

当当网对于供应商的产品都会进行严格的检测，如果发现某家商品的价格高于其他网站，就会和其进行沟通和调整价格。在当当网看来，低价不是手段，而是一种结果。对当当网来说，价格战并不是他们吸引顾客的方法，从当当网公布的财务报告可以看出，价格战给当当网带来的压力已经在逐渐降低。

如果电子商务网站在商品的售价方面采取一定的措施，允许批发商低价购买，那么该电子商务的销售业绩就可能会提升，但该区域的线下产品销售量会有所下降。因此，电子商务对价格的调整并不会对供应商的整体业绩产生推动的作用，供应商应该规范在线零售商和线下零售商的价格行为。

下　篇
突围时代："小而美"向
"大而全"的裂变

第九章　从1至N，是升级不是重复

　　企业在生产过程中最重要的是品质，在发展过程中最重要的就是升级。在升级过程中不要忘记将这种升级扩大化，这就需要复制，企业只有不断地创新，并利用复制扩大创新的结果才能很好地发展。因此，企业要很好地利用复制和创新这两个模式，而不是不单独地使用其中一个。

9.1　复制模式必死

　　由于习俗、文化、习惯等不同，并不是所有国外先进技术在复制模式下都能够在中国获得新生。同样，将国外已经被证明成功的商业模式复制到中国，也不一定能够在中国市场中生存下来。因此，中国的互联网和市场并不完全适应"复制式创新"。

9.1.1　市场不是全部适应复制模式

　　在互联网诞生之际，复制国外的互联网产品模式便成为一条成功的道路，从腾讯、百度、京东到后来的开心网、58同城、优酷视频等，这种复制的模式在中国是屡试不爽。在这种情况下，复制模式就成了创业者和投资人最强有力的武器。

　　然而，由于民族、文化、习惯的不同和时间、市场的变化，并不是所有的复制模式在中国市场都能够生存下来。失败的例子包括谷歌在中国区的折戟，也包括大批倒下的复制模式的效仿者。创业是一个艰难的过程，很多创业者和商业团队想要借助已被证实的成功模式来规避市场风险，这个可以理解，我们可以参考那些成功的商业模式，但不能完完全全地复制。后面就讲一些商业模式在中国复制不能成功的案例，并分析其原因。

9.1.2 复制在线音乐平台在国内不甚乐观

音乐是人们休闲娱乐的一种主要方式，但自从互联网普及以后，这个产业变得有点复杂。随着使用越来越方便和功能越来越强大的手机的出现，音乐成为越来越不可缺少的服务品类。在手机和互联网模式共同颠覆传统唱片业的情况下，如何保证创作人的版权和为用户提供更好听的音乐一直是用户关注的热点，iTunes为苹果提供了一种成功的封闭体系，它还有更多的价值值得人们去挖掘。

Kim是美国的一位黑客，也是美国互联网的一位传奇人物，他曾入侵过美国的五角大楼和花旗银行，而且还创办了全球最大的资源分享平台，后来凭着黑客技术成为一个亿万富翁。Kim的另一个惊人之举是他将计划年底上线的音乐提前上线，这是一种音乐人直接将自己的作品出售给听众的服务，Kim称这项音乐服务能够让音乐人拿到音乐销售的90%。Kim这种行为瓦解了落后的商业模式，在他的方案中，用户可以下载免费的音乐，而由下载平台为音乐人付费。

号称未来唱片的公司和未来电台的公司都是美国出色的在线音乐平台，它们侧重音乐的展示而不是交易。面对音乐人的经纪公司完成了300万美元的融资，它的融资主要为音乐人和音乐版权人提供商业化的方案，让音乐人的作品能够在媒体上广泛传播，而且还设有虚拟的演播室，用户可以通过这个演播室和音乐作曲人进行沟通。

在国内，坚果音乐和歪歪等几家小型的音乐在线交易平台已经初步生存了下来，类似的这种在线音乐交易平台在国内市场是否有发展前景呢？这要看有多少用户购买它个性化的音乐服务。实际上，随着web2.0的发展，有很多小众音乐出现在用户的视野中，如豆瓣音乐人等网站的人气也很高，但是跟百度音乐比起来，仍然差得不是一个等级。

独立音乐在国内虽然发展很迅速，但是它和主流音乐的差距却在逐渐拉大。此外，数字音乐的版权分销手段也是各式各样，国内的音乐图书等领域的版权现状也不乐观。

9.1.3　复制模式在中国市场很难发展的服务

目前的云服务分为公共和私有两种形式。公共的云服务经过多年的发展，已经有了很多成熟的产品，如亚马逊、谷歌、苹果的云系列应用等。公共云拥有服务器容量大、速度快、性能稳定等优势，但是对私密数据的处理还是存在着不足之处，尤其是在大型的网络信息泄密事件更是让用户担心云服务的安全性。例如，2011年索尼、花旗银行等国外企业和国内的微博、阿里巴巴等多家互联网公司的数据都发生过大规模的泄露。

如果说索尼、花旗没有办法保证信息的安全，那么公共云服务对于普通用户的信息安全也是值得考虑的。基于这个原因，私有的云服务可以解决用户使用过程中部分隐私泄露的问题。

在国内，个人私有云服务已经逐渐兴起，如泡泡云服务器和迷你筋斗云等服务产品的出现，它们都希望在云计算市场中占得一席之地。这类服务都是通过较低的价格、稳定的性能和扩展能力等特点吸引用户，同时这类产品还根据私密授权和云端控制来提供多终端的同步、共享等个人云服务。如筋斗云服务就是以家庭或是个人用户为单位提供云存储，而这种服务有一定的安全性，用户必须授权好友，好友才能进行访问，从而在一定程度上防止了黑客的攻击。同时个人的数据都存储在家里的硬盘上，用户有随时处理这些数据的权力。

私人云服务是否能在中国的市场上存活下来呢？在国内越来越多的免费网盘市场和各种数据文件同步应用的冲击下，用户是否会购买新概念的云服务呢？从各方面分析来看，云服务仍然是一个不成熟、不细分的市场。我们相信此后不久，腾讯、金山毒霸等大型网络公司的云存储产品会提供类似的服务，这个市场将会迅速被占领和瓜分，甚至是消失。

如今，出租车的打车应用也在中国的各大城市逐渐火了起来，不管在什么地方，只需要在打车应用上按一下按钮，一分钟内就有出租车过来，这是一些人看好打车应用巨大市场前景的一大原因。

在国外，打车应用被证实是一个很成功的商业应用。2012年世界互联网趋势报告也提到了有关打车方式的变革。在以前乘车高峰期，人们是排队等着打车，现在可以通过打车应用发一条打车请求，就会有出租车开到乘客面前。目前的打车应用结合了定位功能和用车服务，能够轻松地帮助用户解决打车的问题。并且还可以节省等车的时间，这不仅对于经常坐车的人来说是一种方便的服务，对那些有急事需要出门的用户来说也非常实用。

在国内，打车应用有打车小秘、易打车等应用已经上线，并且拥有了不少的下载量。但是从使用的情况来看，这类应用还和国外同行有很大的差距，暂时还没有上升的趋势。有人会问，打车应用是一款很实用的应用，为什么不适合国内市场呢？因为国内各大城市的出租车市场都被出租车公司所垄断，而且拒载现象还屡见不鲜，出租司机都有固定的工资，他们加入打车应用的积极性也大大降低了，所以随叫随到的打车服务在国内有些地区是很难复制的。

9.2 连锁的困局：产量上去了，品质下来了

产量和品质是困扰很多创业者的难题。这个问题在逢年过节的时候最为突出。不少创业者过分强调产量，结果质量得不到用户的认可。

9.2.1 品质和产量之间的矛盾

不少创业者认为产量和品质是相对立的，产量上去了，品质就下来了。特别是奢侈品行业，不少产品是通过手工制作而成的，每个产品在成型的过程中靠的都是人的双手，所以人就成了影响产品质量好坏的重要因素，产品的品质和产量变得相对立了。

在这样的行业中，操作人员的经验非常重要。操作人员要制作一件成型并且合格的产品需要培训一年以上的时间，而且在一定的时间内产量还跟不上老员工。在新工作人员的摸索阶段，同时提高产量和品质对他们来讲是有一定难度的，因为在这个时候新员工容易出现求快心理，这样就慢慢地形成了忽视产品品质的坏习惯。

这时如果再要求新员工制造合格的优质产品，而他们的坏习惯已经养成了，所以很多企业认为品质和质量是对立的。为了避免这一现象，就要求企业在培训新员工的时候，让员工必须按照诸多的细节来操作。新员工对工作有很多不了解，容易出现失误，因此要慢慢教会他们，使他们操作得更标准。这样就能使他们树立信心，在提高产品产量的同时也提高产品的品质。

有很多企业误认为产品的品质和产量是成反比的，其实企业只要建立了一个完善的管理体系，在细节上给予关注，就能够改善产品的品质。因此，将产品的品质和产量一起抓，这样两个方面都同样把握好，提高产品的品质和产量问题就不再是一个难题了。

9.2.2　大公司对于品质的要求

产品质量是一个企业的生命。在国际社会中，企业的竞争其实就是产品品质的竞争，所以产品品质成了很多企业的制胜法宝。世界上很多企业之所以具有很强的竞争力，最重要的一点就是企业的生产始终围绕着品质这一主题，基于产品的品质进行经营管理、发展新技术，从而生产出高品质的产品。

美国电话电报公司所设的电话设备制造公司，一直对产品的品质非常重视。其产品检验经理说："只有在产品上找出缺点，才是自己的职责，而产品是否有缺点是由用户决定的，而不是生产者说了算。"

为了检查商品的质量，公司雇佣了2000名检查人员来检查生产线上生产的产品的品质。检查人员会定期检查生产线上的产品零件和设备。如果产品的品质太差，检查人员就会把这些检查结果报告给领导，领导就会要求停止生产作业，先找到产品品质的问题，并加以修正后再恢复生产。

检查人员可以随时了解生产线上的作业情况，可以向领导汇报详细的产品品质和质量情况。质量管理人员检查过的商品，还要由检查人员再做一次检查。除了质量管理部门外，公司还在各个州都设立了产品维护中心，负责检查和维护产品。每过一个月，这个检查部门就要根据检查的结果写两份检查报告，一份送给业务主管和业务经理，一份送给公司的总裁。由于产品检查制度的完善，公司对于产品就不需要再验收。美国电话电报公司对于品质的改进，在客户中建立了良好的声誉。

从公司的管理中可以看到他们对产品质量的监管是非常严苛的，无论是从生产线上还是在售后的服务和维修中，对产品的品质都会严格把关，从而培养了一批忠诚的客户。可以说，品质是一个企业最好的广告，企业只有在管理好品质的前提下才能慢慢地提高企业的产量，企业也只有将品质放在产量的前面，才能受到尊重。

世界著名的汽车公司奔驰也是依靠精益求精的品质理念才能立于不败之地。奔驰成立100多年来，精益求精一直是奔驰公司的经营宗旨。从产品的构思到批量生产，再到售后的服务，精益求精一直贯穿于整个生产过程。为了保证产品的品质，奔驰做到了不合格的零件坚决不用，不合格的产品坚决不生产。在奔驰的生产过程中，自上而下都建立了品质控制机构。由于奔驰长期坚持这样的一个制度，它成为用户一直喜爱的品牌。

因此，品质把控好了，客户自己就来了。

9.2.3 先品质后产量

注重产品的品质对于正处于品牌经营的企业来说，有着很大的意义。企业只有源源不断地进行技术创新才能向市场推出新的产品，不断地提高自己产品的品质和改进生产技术，降低成本，进而提高产品的价值，这样才能提高市场竞争力和市场占有率。

产品的品质关系到企业的生存和发展，而产量只是关系到企业的发展，企业只有先生存下来才能有发展。纵观市场上的大型企业，只有品质优异的企业才能在竞争的大潮中站稳脚跟。

大庆油田将"质量是企业唯一的主题，是企业唯一的生命"作为自己的经营理念。它把产品品质的高低作为企业竞争力的体现，把提高产品的品质作为提高市场占有率的重要手段。今天的商品品质比以往更加重要，是因为市场上的商品已经不再紧缺，市场已经发生了根本性变化，只要有产品就能卖出去的时代已经一去不复返了。

现在企业的成功源于产品的品质和服务的质量，因此，企业要突出品质的重要性，在保证产品品质的前提下提升产品的销量，才能使企业的利益最大化。

9.3　大规模复制，小规模创新

很多企业并不是靠创新成功的，而是在复制中创新。有一些连锁企业不是复制自己的创新，而是复制别人的创新。复制与创新就像是自然界的阴与阳，谁也离不开谁，企业只有大规模的复制、小规模的创新才能够很好地发展。现在很多企业的问题不是缺少创新，而是缺少复制。

9.3.1　复制能使创新的结果最大化

有一个经营者列了一份计划，在他的计划中有很多新奇的想法。他想在现有的产品中做两个新产品，在现有的渠道上开辟三个新渠道，在现在的客户群基础上添加三个客户群，在现有的营销模式之外尝试一个新的模式。在描述自己的创新模式时，他的眼中充满了对新事物的无限期待。

虽然，他的计划是他花费了很大的心血才做出来的。但是有个企业家却对他说，在他的计划中看到的只是创新、再创新，却没有看到更为简单实用的现实。其实，在一个年度的计划中七成是复制，三成是创新。有人问他在过去的一年中有没有觉得做得好的方面，他说他没有多想，因为他感觉这些事情大家都知道，他感觉复制没有挑战性，作为经营者，他应该带领大家去创新。

创新对于一个企业来讲的确是很重要，没有创新企业就不可能走得很远。但是如果一个企业只知道创新，不知道把自己成功的模式复制和放大，把成功最大化，这样也是错的。这是很多经营者最容易犯的，同时也是一个比较低级的错误。

为什么说是低级错误呢？如果企业对于取得的创新成果不充分地利用，继续做着艰难的创新尝试，这不是舍近求远吗？企业的计划不应该是天马行空的创新，而应该是对于创新的总结与复制，带领员工总结创新的

经验比什么都重要。企业只有将经验总结好了，才能够把取得的创新成果
发扬光大，才能够取得事半功倍的效果。

为什么沃尔玛是一个"通吃"的公司？主要的原因就在于它将可以
复制的商业模式应用到了不同的细分市场中。在互联网领域中，不同的细
分市场解决的方案是不一样的，不可能出现一套能够解决所有的行业问题
的方案。所以，在特定的领域，电商化、移动化、O2O化是行业的中坚力
量。因为他们都是靠行业的流动资源进行复制，从而取得成功的最大化。

9.3.2 企业如何正确做出一个创新的商业模式

新业务的开展一般都是由企业的决策者来决定的，但企业的决策者又
是离客户最远的一类人，特别是对于即将进入的新领域，很多企业的决策
者都不太了解。所以，如果企业的目标是来自决策者的猜想，中层只是着
眼于KPI的完成，那么企业的计划也就丧失了洞察客户需求的开放性，失
去了对模式中的假设验证。这也是企业虽然最终完成了目标，却做不出满
足用户需求的产品，也找不到可复制利用的商业模式。

销售人员是离客户最近的群体，但他们也是离企业的全局视图和战
略最远的。所以，很多企业不能从客户那里得到可以转化为商业模式的建
议，从而来优化整个商业模式，达到创新的目的。因此企业应该按照决策
链和员工职能的分工，做出一个创新的商业模式。

企业在意识到这个问题的时候，应该要有新的战略，公司内部的成员
也应该对自己的职能有新的解读。比如京东在做O2O项目的时候，很多高
管对于这个项目都有不同的理解，所以企业必须把大家的建议和创意都搜
集起来，因为这些建议都是不同职能的员工对自己职能和背景的理解。

企业在完成这个任务之后，应该成立一个委员会，这个委员会应该有
很多的企业核心人员，其中包括企业的高层管理者。因为企业的高层管理

者是信息的重要来源，却不能是最终决策的人。企业要做一个包括高层管理者在内的创意汇集，然后再策划出具体的实施方案。高层的管理者还有另一项作用就是对整个项目进行评估。因为在商业计划链条中，这个计划的步骤非常多，哪些计划先实施、哪些计划后实施，都要有一个整体的考虑。

9.3.3　如何去复制一个商业模式

如何去复制一个商业模式？首先要用传统的方式来做一个项目计划，在这个阶段投入得非常多，实行的周期也比较长。因为一个项目的实施需要很长的时间才能接触到客户。如果企业在解决问题和分析问题时存在没考虑到的地方，等到产品和用户接触的时候才发现，此时再进行调整的成本是非常高的。

全员参与的实施方式，如图9-1所示。

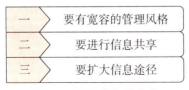

一	要有宽容的管理风格
二	要进行信息共享
三	要扩大信息途径

图9-1　全员参与的方式

第一，要有宽容的管理风格。

在这里，宽容不是对员工保持宽容的态度，而是让员工大胆地创新，大胆地去做，这才是一个企业的宽容态度。要让每个员工都有表达自己观点的机会，并让员工愿意为自己的观点付出努力，无论成功还是失败，员工都对自己的职业有一定的认识。

第二，要进行信息共享。

为了让高层管理者做出更合适的决策，企业要把决策的信息和资源的信息、目标的信息等都传达好，这是一个非常重要的环节。

第三，要扩大信息途径。

这在以前是很难做到的，但是现在的信息工具可以帮助企业完成这件事情。比如说微信，一个人做出了什么样的决策，为什么要做这个决策，他的决策都可以通过信息的途径进行分享。

企业要按照大规模复制、小规模创新思路来做项目计划。每个产品在开发阶段都有可以复制的地方，大规模复制商品能够更好地完成货物交接，使得商品的生产难度缩小，还能够提高企业的产量。

9.4　为什么百度建立100多个研发小组

2014年5月，百度宣布在美国硅谷融资3亿美元成立新的研发中心，该项目成功实施后，这个研发小组共有200人左右，并且由曾经帮助谷歌发起人工智能项目、还参与开发了一台可以观看数百万段YouTube视频的自觉识别猫电脑的斯坦福大学智能实验室负责人吴恩达领导。

这一举措体现了百度的强大和野心。吴恩达博士认为，其他互联网公司都在效仿美国的科学技术，这已经成了很多国家的习惯，但是百度却做着世界上独一无二的事情。

9.4.1　百度研发小组注重于人工智能领域

中国互联网可以说是世界互联网行业的一支重要力量。因为美国的Facebook和Twitter等企业没有进入中国的市场，现在中国的互联网多数还是中国的本土企业，但是也有很多互联网公司开始加大对硅谷的投资。

阿里巴巴和腾讯作为百度最大的竞争对手，都已经在美国的硅谷建立了办事处，并且加大了对当地公司的收购力度。阿里巴巴于2014年9月19日也在美国启动了IPO，这次公开的招股创造了美国资本市场的历史之最。

百度的研发小组专注于人工智能领域，这个领域也吸引了微软、谷歌等科技巨头的关注。深度学习是人工智能的一个分支，这个领域的科学家试图通过自主观察和学习东西的电脑来模拟人脑。

现在互联网公司都在利用人工智能技术提升电脑对语音和图像的识别能力，并将这种技术利用到无人驾驶和机器人等众多的操作控制中。百度为此还在北京设立了深度学习中心，利用这个技术来提炼广告的精准性，并且已经开发出了语音识别的软件。百度公司还推出了一款通过智能手机拍照来识别物体的应用。此外，百度还在开发一种新的应用，希望能够根据天气来控制热门景点的游客数量。

吴恩达博士表示，百度的实验将会给斯坦福大学提供更多的资源，而且百度还可以组建更大的团队来专注于这个项目的开发。

百度并没有和微软、谷歌争夺用户，但这三家科技公司已经展开了人才争夺战，在这场争夺战中，美国的两家公司都采取了应有的措施争夺高科技人才。2013年谷歌收购了DNNresearch公司，随后又将该公司的创始人纳入到了百度公司中。

9.4.2　研发小组对于操作系统的研发

有数据显示，谷歌在2014年出资4亿英镑(约合6.5亿美元)收购了DeepMind Technologies公司，这是一家伦敦的创业公司，该公司开发了一款可以应用各种基础视频游戏的电脑。而微软在2014年也聘请了纽约大学的研究人员，希望利用人工智能来改善搜索引擎的搜索功能。这个项目虽然吸引了很多人的关注，但是电脑相对于人脑来讲还是很原始的。牛津大学的人工智能研究人员表示，目前的人工智能技术只能模仿很小块的人脑，就像是一只昆虫的大脑一样。

吴恩达博士认为："当前的确面临着困难，但是用不了多久就会取得进步。"有一种假设认为人类的很多思考都源于一种智能的算法，但没有人知道正确的算法是什么，这就等于给了人工智能以希望。如果能够发现与人的智能相近的一些算法，并将这个算法应用到电脑中，这样就可以帮助人工智能的研究人员取得更多的进展。

2013年，搭载百度易平台的智能手机发布，在这次合作中，百度不仅为戴尔提供免费操作平台，还与戴尔分享了这个平台所得到的收入，其实百度真正想要的是提升平台的影响力。随着百度易平台的正式发布，对于智能手机的制造，百度不太关心投入的成本，甚至不会关心销量如何，只要外界能够感受到搭载百度易平台的手机性能，百度的目的就已经达到了。

所以，百度和戴尔合作，只是把戴尔当作一个搭载平台的试探者。在2012年的时候，新浪科技就揭示百度公司在副总裁李明远的带领下准备开展手机的研发项目。而现在已经有多个互联网公司涉及这个项目的开发，百度这也是在为自己做准备，搭载易平台的戴尔手机只是百度第一步。

9.4.3 百度的研发战略

百度副总裁李明远把对移动互联网的想法归为移动云战略中。移动和云本来是两个独立的研究方向，但是百度研究后认为二者可以相辅相成，于是决定将二者合并发展。百度的研发小组将百度移动云战略分为三步推进，每一个阶段都有核心产品，每一个阶段都是百度易平台的体现，最后就是移动云战略和操作平台的深度结合。

这是一个先云端后合作的过程，按照这个规划，百度易平台在以后还会推出更新的版本，对个人的云存储和搜索、通信等进行优化。而在另一份云线路图中，百度研发小组透露，它马上就开发成型，应用平台也会成熟。

云端的布局和速度，决定了百度移动云战略的发展基础。所以，百度研发小组的时间是很紧迫的，而且这样的战略在行业中也没有经验可循，百度的研发小组会怎么做？李明远没有说得更具体，不过可以猜出其中的内幕，百度应该还会和手机厂商进行合作，以及设法抢占低端市场的份额等。

另外，还有最关键的一点是百度打出了不一样的战略，李明远表示，如果百度的易平台能够达到一定的标准，百度不需要自己推广，就会有合作伙伴主动找上门来。

百度公司对移动云战略到底有多么重视？李明远表示，这是目前百度所有项目中最大的一笔投入了。虽然他在资金方面没有透露具体信息，但是移动云战略的团队是百度公司最大的研发团队，这就意味着百度创始人李彦宏提出的法则会因为这个团队的设立而改变。

百度在易平台上的投入可以说是有风险的，例如专利，即便是谷歌的Android系统也遭受各方面的侵权诉讼压力。李明远表示，易平台是百度所有产品中申请专利最多的一个产品。在国内推出的智能手机系统里，几乎所有的供应商都强调这不是Android系统。百度在这方面也是如此，尽管易平台和Android系统的差别不是很大，但是李明远强调，这是基于Linux开发出来的平台。

李明远还说，易平台在以后可能不会兼容Android平台的应用，百度的研发小组会根据更多的开放接口形成自己的特色。总有一天，在百度100多个研发小组的努力下，会摆脱Android影子，创造一个自己独有的平台。

9.5　庆丰包子铺的布局之路

2014年的元旦前夕，习近平主席光顾了一家老字号庆丰包子铺，使这家包子铺大火、特火，庆丰包子铺有数百家分店。这家包子铺在不是用餐的时间段内依然没有空座位。每年过节的时候，总部会安排很多人过来帮忙，而在最高峰的时段，叫餐的号能够排到500多号。

9.5.1　庆丰包子的转型

当然这家包子铺这么受顾客的关注除了自身的美味之外，还有就是对于市场的关注。和北京其他老字号店铺一样，年营业额上亿的庆丰包子铺已经构成了"舌尖上的国资"。当天不只是这家包子铺火了，其他的庆丰包子铺也跟着一起火了。由此资本市场就开始活跃起来，包子概念股也开始走红。

庆丰包子和上市公司没有直接的关系，它是华天集团旗下的产业，是100%的国资企业。庆丰包子成立于1948年，那时候的名字还叫万兴居，是经营包子、小吃等食物的小餐馆。庆丰包子的转行是在1956年公私合营之后，万兴居此后就只经营包子，在1976年才更名为庆丰包子铺。

庆丰包子铺第二次转型是在2004年，这期间庆丰包子铺这一品牌被纳入了华天旗下。第三次的转型是在2006年，庆丰包子铺开始以中式快餐连锁店的方式进行扩张。从过去的三家直营店扩展到30多家，现在的加盟店更是有近200家。

庆丰包子铺在经营快餐连锁后，公司发展得很迅速。庆丰包子铺的企业负责人说，企业也有向外发展的意向，他们每天都会接到全国各地打来的加盟电话。北京西城区企业和企业联合会官网发表文章说，华天食品集团下的庆丰包子发展了直销和加盟店，截至2009年年底，庆丰包子的连锁店已经有145多家，年销售额达3亿多元。

门店加盟之后如何控制？由于要保护好庆丰包子的品牌形象，他们对加盟对象很慎重，目前除了北京地区以外，第一家外地庆丰包子加盟店是在河北的涿洲，而其他地方的加盟店布局还在策划中。

9.5.2 庆丰包子的扩张

中国很多老字号的企业都会经历从家族企业到公私合营企业，最后再到国有企业的发展历程。中国财经报道在官方微博上披露了中国公私合营的高潮时期，当时一些北京的老字号品牌开始下降了，在这个特定的历史阶段，如果老字号的运营机制和市场脱节，可能就会面临着转型的尴尬境地。

在国内，一些行业的改革措施仍被视为激发国资活力的有效手段。然而庆丰包子铺等老字号并未启动改革机制，目前仍然是100%国资。庆丰包子的人员称，企业最大的活力就是连锁经营的模式引入，随着门店数量的增加，加盟企业的要求只会推动母体的迅速发展。

从2006年开始，庆丰包子加盟店的数量就以每年20～30的数量开始增加，在庆丰包子的业绩方面，个体门面的营业额都是很稳定的，整体的业绩和门店的数量也是成正比往上提升的。有数据显示，庆丰包子在2013年的营业额就已经达到5亿元。

在庆丰包子的管理人员看来，与大众的口味和价格相符才是一个食品企业的立足之本，中式快餐对于复杂菜式经营店来说成了连锁的障碍。庆丰包子也不例外，在连锁店扩展的同时要保证品牌的纯度和产品的口味，还要适应市场对于产品的要求。庆丰包子在北京的顺义区建立了食品研发中心，连锁店从这里对食材进行统一的采购、加工和配送，这样才能保证口味不变。

庆丰包子作为中国的一个老字号传统品牌，它的布局之路是非常好的，既保住了自己品牌的纯度和产品的特色，又适应了市场的需求，使一个传统的品牌能够在现代市场中具有生命力，并且得到了很好地发展。

那么，其他传统的企业应该如何布局才能够在当今市场中生存下来呢？

9.5.3　互联网对传统产业的冲击

互联网对传统产业的冲击，如图9-2所示。

一	做电子商务
二	社会发展的必然形态
三	促使商业体系的改变
四	网店与实体店之间是共生的
五	风险的把控
六	引入外来的力量

图9-2　互联网对传统产业的冲击

1. 做电子商务

企业的布局非常重要，这就决定了企业以后的生存发展路线以及产品推进的成功。所以企业要在一定的时期内站在什么样的高度和位置，以及从什么样的角度来布局是非常重要的。如今，电子商务越来越受欢迎，企业也要向电子商务方向布局，紧跟时代，企业才不会被时代淘汰。

2. 社会发展的必然形态

电子商务不是新兴的事物，是伴随着互联网发展和社会发展的商业形态的一种改变，这种改变使消费者在互联网的平台上拥有了很大的话语权，在与商家的对话中占主导地位。消费市场由以企业为中心过渡到以消费者为中心，由商业体系转变成了民主的体系，也就自然地推动了实体的商业网模式向以互联网用户为中心的延伸和升级。

3. 促使商业体系的改变

移动互联网电商的发展促使了中国商业决策体系的改变，以企业为中心的高风险决策转变成以用户为中心的模式，这种商业模式的转变是为了适应商业环境的变化而存在的。任何一种新的商业模式都会带来巨大的商业机会，只有掌握了这种商业模式才有机会利用好这个机遇，利用现有的商业模式过渡到新商业时代的决策体系中。传统的企业必须打造一套属于自己的高效的内部流程决策体系，做好这一点才能保持企业健康地发展。

4. 网店与实体店之间是共生的

电商实体化，实体在线化，传统的电商企业一定要走线上、线下一体化经营道路，O2O融合，这才是传统企业布局的王道。传统企业在做电子商务的时候不需要具体地分线上和线下，而是要让两者融合在一起，从实体店与网店一体化去布局，才能够做到以用户为中心，给用户提供丰富的购物体验。从这点来讲，美国企业做得非常好，他们早已为用户提供了线上、线下一体化的服务。

5. 风险的把控

"网店+实体店"共生的布局思路可以让企业把风险的范围缩小，并且在可控制的范围内，使企业有随时应对市场变化的策略和解决方案的能力。在这个电子商务高速发展的时代，面对新鲜的事物，传统的企业不应该再保守，要在小范围内做尝试，然后再逐步扩大，没有经过尝试是不可能规划出好的方案和模式的。

6. 引入外来的力量

企业的内部人员对企业的发展视野和角度是有限的，在合适的时候引入外来的力量是很有必要的，这样可以在一定程度上减少试错的成本，避免盲目地发展给企业带来难以估量的损失。

第十章　裂变选择：是收购还是重建

收购能够让企业迅速扩张，还能够使企业实现多元化发展。企业重建虽然发展比较慢，但可以使企业彻底转型，也可以对企业原有的资源进行合理分配，特别是传统企业在互联网的冲击下的重建，其重建的成本是很大的。企业只有结合自身的特点，才能选择合理的发展方式。

10.1　两难选择：收购费钱，重建费力

企业在发展到一定规模的时候都有扩张的雄心，在这个过程中，企业需要考虑很多方面。如果企业扩张成功就能如虎添翼，扩大自己的市场，提高自己的服务和产品质量；如果企业扩张失败就会得不偿失。不过在这之前企业还有一个两难的选择：一个是收购，一个是重建。这两种方式在企业扩张的过程中各有自己的优点和缺点，企业到底该如何选择呢？

10.1.1　重建和改革对企业的必要性

每个企业都有自己的组织原则，人们在做出决策的时候，无论是挑战还是寻找新的机会都会依靠这个原则。医疗公司以确保患者的健康为指导，重工业以安全生产为指导；企业的价值观或者是企业的文化，都应该将互联网的因素融入其中，这对于"互联网+"的驱动有着很重要的意义。

企业只有将互联网当成一项新的战略，才能够培养出行业的创新能力，并将这种能力转化为持续的竞争优势。企业最基层的员工在做决定的时候都有自己的先后级别，企业在扩张的过程中是收购好还是重建好呢？如果是传统企业，重建是比较好的，这样可以彻底地改变以前的企业文化。和互联网时代接轨，这不仅是一次扩张还是对企业的一次洗礼。如果被互联网企业或是现代化企业收购是比较好的，这样能够以最低的成本实现多元化的发展。

如果企业使用克里斯坦森的模型框架，实现互联网驱动的转型，主要是看企业的两个方面；一个是企业愿不愿意融入互联网中实现转型，这要以长远的目光来看待企业的发展；另一个方面是看企业有没有能力获取互联网的资源，将互联网的资源转化为服务或是产品，并提供给消费者。

这两个因素在企业重建时缺一不可，当传统企业具备互联网的创新能力时，扩张就会加快；如果企业缺乏机动性，限制了企业的能力，企业的扩张就会受到抑制，特别是在收购企业并融合的时候，多数企业会以失败而告终。

企业是否需要在互联网之下重建，是否有这个动机和能力，在重建的过程中是否存在障碍，什么是重建过程中的主要障碍，这些都是影响企业扩张的很重要的因素。

当企业自身处于落后或存在阻碍的时候，特别是企业在遇到瓶颈或是转型的时候，都会遇到诸如企业如何给自身定位、企业的品牌该如何经营、企业的人力资源又该如何分配等一系列问题，这时候企业如果不选择重建或者是改革，势必会把自己淘汰掉，退出市场竞争的舞台。

10.1.2　重建还得靠自己策划

一个企业的重建或者是改革有很多种方法。第一种方法，配备企业自己的管理人才，可以把管理体系和企业文化的重建交给他们。第二种方法，如果企业自身的管理人才不到位，这里的人才通常指产品的研发人才和市场销售人才，这时就需要企业采用招聘的方式来补充人才，为企业的管理体系和企业的文化的重建打下良好的基础。第三种方法就是，直接聘请专业的管理专家和企业文化专家来完成。这三种方法在企业的重建中可谓是各有千秋，企业可以根据自身的实际情况、经济实力来确定重建项目以及选择合适的方式。

如果企业在重建过程中选择了咨询管理公司来帮助企业重建，那么企业就会遇到一个问题：请谁来做好呢？于是很多企业就会向社会公开招聘，寻找咨询管理公司进行谈判，这时候企业要综合考虑各种因素。

如果企业先找A公司，A公司的服务人员对企业说："你好，我们企业不接受预约，请用你们的企业邮箱向我们公司发书面请求。"于是企业就安排人员回复，那就按他们说的办吧，但是请求发过去了，仍没有回复。

企业找到B公司，这家公司态度很不错，谈判的结果也令人满意，既有行业中的数据，又具备国际视野。后来企业才发现所有的谈判内容都落在一个软件系统上，所有的谈判都白做了，因为这家企业的东西超越了公司所认知和接受的能力。

企业无奈之下就找到了C公司，这个公司的总裁亲自带领着自己的团队过来，他明确地告诉企业：先不着急谈钱的事情，你们企业的重建我们一定要做。因此，找一个重建的团队可谓是一波三折，企业的重建还是应该靠自己策划。

10.1.3　企业的重建流程

企业在重建时的流程，如图10-1所示。

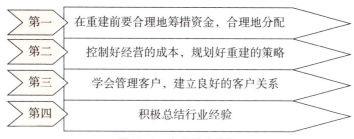

图10-1　企业重建流程

1. 在重建前要合理地筹措资金，合理地分配

有些企业在重建时为了减少重建的障碍到处筹措资金，甚至借高利贷也在所不惜。在这种情况下，企业就算是重建成功，每天为了筹钱还债，也就没有精力投入到经营中。作为企业的领导者，不要常因为资金问题而离开第一线，这样员工也会受到影响，从而导致服务质量下降。

2. 控制好经营的成本，规划好重建的策略

企业在经营过程中的成本控制是非常重要的，少一份开支就等于多了一份利润，因此把成本压在一个很低的范围是很有必要的。同时还要规划好重建的策略，调整好运转的速度，这也是控制成本的一种有效方法。许多企业在重建的过程中出现资金占压严重的情况，这样资金问题就导致重建陷入了困局之中。

3. 学会管理客户，建立良好的客户关系

一粒麦子有三种命运：第一种是变成面粉实现自身的价值；第二种是作为种子，创造出新的价值；第三种就是管理不善导致变质，丧失了自己的价值。而企业对于客户的管理也是这样的，不管是老店还是重建的分店，客户都是最忠实的消费者，如果管理不好就会导致客户大量流失，并且还有可能会影响到其他的客户。

所以，企业在重建之后要学会管理客户的档案，这样才能留住老客户，挖掘出新客户。客户的档案一般包括基本资料、交易状况等，企业就

可以针对客户情况提供新的产品或服务。

4.积极总结行业经验

行业经验对于一个重建的企业来讲是宜多不宜少的。行业经验不可能从一本书中就能够得到，这还需要企业不断总结才能获得。

10.2 顺丰由连锁变直营的历程

近年来，电商的兴起促进了我国快递业飞速发展。据统计，2012年快递市场的规模达1055亿元。从2006年邮政体制的改革到2012年年底，快递业务量的增幅达到了39.2%，规模已经位居全球的第二位。

经营模式是根据企业的经营宗旨，为实现企业所确认的价值定位所采取某一类方式的总称。本文主要以顺丰快递为例来分析直营模式。直营就是总公司直接经营、投资和管理零售单位的一种经营方式，此时的母单位和子单位共同属于一个经营体系。

10.2.1 顺丰经营模式为何转变

顺丰快递1993年在广东佛山顺德成立，包括创始人王卫在内总共有6名成员。截至2015年年底顺丰员工人数约35万人，服务范围已经覆盖了中国34个省级行政区域，其中包括300个大中城市和1900多个县级市和县城，已经建成了7800多个营业网点。顺丰快递经过20年的发展，已经成为了国内的第二大物流企业，仅次于EMS。

顺丰快递发展得如此之快，主要归功于它的经营模式。随着企业逐渐发展，它的经营模式也做着相应的改变。顺丰快递在成立初期，除了德顺有个总部之外，其余的地区都是采取加盟的形式：在一个地区设立一个网点，即成立一个公司。后来随着顺丰快递不断地发展壮大，加盟这种经营模式出现的问题越来越多。

2001年，顺丰快递的总裁王卫对企业进行了改革，从此以后顺丰快递走上了直营的道路。那么顺丰快递究竟是如何从加盟的经营模式转变成直营的经营模式的呢？下面就对顺丰快递在不同阶段的经营模式进行剖析。

10.2.2　顺丰快递经营模式得到转变

顺丰快递的经营模式主要经历了以下几个阶段：第一阶段，简单的加盟模式。第二阶段外部混合的模式，即将营销的区域化成大区，总部对这些区域采取直营的模式，但是对于一些小县城或是地区，仍旧采用加盟的模式。第三阶段内部混合模式，这个阶段不再考虑大区和小县城之间的区别，对所有的营销区域采用直营和加盟的组合模式。第四阶段，全部采用直营的模式。

顺丰快递刚起步时选择加盟，最后转变成了直营的模式，这其中有着怎样的衔接过程？顺丰快递又为什么最后选择了直营，而彻底放弃了加盟的形式？这些都是经营模式的选择问题，从商业的角度来看经营模式，无非就是成本和利润最佳搭配的问题。

顺丰快递在实行加盟营销的形式下，它的总部实际上只是一个松散的机构。而顺丰快递的主要收入也是来源于运单的预收费，以及各个网点对于总部运转中心所缴纳的中转费用等。除此之外，项目所有的流程都是加盟商自己负责具体的快递运送工作、运送价格的制定、车辆的配置、招聘员工等。

加盟者还可以将自己的网点承包给个人，又由个人来设置下一级的分支机构，而加盟的费用通常在一万元以下，再加上少量押金就可以完成自己的营销点。这样，过低的加盟门槛导致加盟商的服务、素质、配置参差不齐，爆仓和信息泄露的问题层出不穷，到最后愈演愈烈。由于顺丰快递对于加盟商管理不严格，接到了很多客户的投诉，严重影响了企业的品牌形象和服务质量。

正是在这样严峻的形势之下，顺丰快递的总裁王卫决定对顺丰进行"去加盟化"的改革。可是顺丰在转型的过程中并不是很顺畅，在与众多加盟商的利益博弈中，顺丰受到了巨大的威胁和挑战。甚至在一段时期内，王卫的人身安全都得不到保障，出去的时候只能带一些随身保镖。

这样的事情不仅出现在顺丰快递上，许多公司在"去加盟化"改革中都遇到过。2012年的时候，圆通福州公司宣布将加盟商运营模式转化为直营模式，这样事先毫无交流的改革措施使得该公司与加盟商之间的矛盾一步步激化，造成了加盟网点的集体罢工现象，给公司的声誉和形象带来了很多负面的影响。在2012年9月，达芙妮终止了加盟续约，采取低于供货价促销的方式强制清退加盟商，导致了众多加盟商到直营店堵截，甚至到工商局和政府部门投诉。

这些反映了很多企业在转型的过程中由于处理方式不当或是手段过猛，结果造成了双方的矛盾激化。这里面重要的原因就是利益的分配不均，当加盟商得到的利益多时，就会对企业总部言听计从，增加自己的执行能力；反之，如果加盟商获得的利益过低时，他们就会对总部产生不信任感，甚至是背叛。因此，企业在对加盟商进行选择的时候，一定要考虑好企业今后的发展问题，明确加盟是个双赢的过程。

企业在选择具有潜力的加盟商的时候，要加强双方的信任和合作，给予加盟商利益，这样才能更好地维持和加盟商之间的关系。同时，企业还要明白企业在发展的过程中是离不开加盟商的。企业的品牌就好像是加盟商的孩子一样，等加盟商把这个孩子养大的时候，企业又将这个孩子带走，这样很容易激怒加盟商。所以，企业在改革的过程中一定要循序渐进、分级分阶段地进行。

10.2.3　直营模式和加盟模式的对比

在肯定顺丰快递选择直营模式的同时，有的人不禁会有这样的疑问：在企业未来的发展过程中，直营模式一定比加盟模式更具有优势吗？目前这个阶段直营模式优点被越来越多的人挖掘，于是加盟的缺点相比之下，就显得很大。企业在发展的过程中直营一定比加盟好吗，这个还是存在一些疑问的。在企业经营中直营可以省去很多的中间环节，而利润也常常大于加盟的经营模式，但是企业却忽略了加盟独特的盈利模式和体系，它的盈利模式包含以下三个方面。

（1）企业在加盟的模式下，企业的收入不仅包括主业务的收入，还有快件的收入和其他业务方面的收入，如：加盟店、便利店、代缴费用收入等，这样收入的形式增加了，收入的来源也扩大了。

（2）企业可以通过加盟商收取加盟费、营销权使用费和培训费等。企业一旦扩大，加盟商的数量也会不断地增加，这样的收入加起来也是一笔不小的数额。

（3）被大众所忽视的隐形收入：资金的机会成本。较少的投入，无疑会给企业带来更低的风险，也降低了自己行业的准入门槛。随着加盟商的增加，企业会在价格决策上占尽优势，提高了企业的谈判能力。同时，品牌的价值也会增加，也增加了企业的声誉和无形资产等。

10.3　收购的三大要点

自2013年以后，中国的收购市场延续着火爆的行情。据相关数据统计，2014年度中国证监会并购重组委召开78次会议，共审核重组并购事宜194次；2015年，审核事宜更是达336次，再创纪录。

10.3.1　市场收购的兴起

目前，我国的经济已经进入了新常态，企业的转型和升级以及结构的调整已经是大势所趋，这个趋势不会因为个别的政策调整而改变，所以导致了近年收购市场的火爆。在此之前，有部分人士认为，在注册制推出的预期下，新股的发行会加速，在IPO的增长预期下，收购的市场会有所回退。

收购市场可以说是2014年投行的主题，而以后有可能演变成收购和IPO双主题了。华泰联合证券投资银行部的研究员表示，IPO的加速对收购市场会有阶段性的影响，但是从长远来看，随着企业将证券化资产的份额看得越来越重，企业的估值水平也将回归理性，而IPO的加速对收购市场就没有根本的影响了。

清科研究中心的研究员认为，在2014年中，市场收购的数量一直保持着上升的趋势，资金也处于周期性的起伏状态中；2014年结束时，并购市场也是有后劲的，国内的收购市场将会愈演愈烈，不会排除全民并购的狂潮。

10.3.2　联想公司的收购历程

2014年2月初，联想集团以29亿美元从谷歌的手中收购了摩托罗拉移动，包括摩托罗拉的2000多项专利以及摩托罗拉品牌和商标。除此之外，还有全球50多家运营商的合作关系都归入了联想移动业务集团。据双方协议，谷歌将继续持有摩托罗拉移动大部分的专利组合，包括专利申请和发明披露等。这些作为联想和谷歌合作关系的一部分，联想希望获得相关的专利组合和其他的知识产权许可证。

联想集团的手机业务主要是在中国大陆、印度、俄罗斯等地，而收购了摩托罗拉可以使联想集团很快地进入手机市场的主战场，尤其是联想看好已久的欧美等成熟市场。根据市场研究机构发布的调查报告，联想集团已经成为全球第三大手机制造厂家，它的出货量仅次于三星和苹果。

联想正是利用收购的行为使得它有机会成为全球知名的手机品牌。同时联想也从收购的过程中得到了大量的手机专利和人才，使它顺利打入了欧美的手机市场，并和欧美的移动厂家建立了良好关系。

联想在收购摩托罗拉之后，加强了联想手机业务的发展，并将联想手机的业务发展得更具有规模。联想CEO杨元庆表示，联想集团预计在2015年在全球市场上销售一亿部手机。

谷歌在2011年以125亿美元收购了摩托罗拉的移动业务，在出售了一些不是核心业务之后，谷歌的收购成本仍然在100亿美元左右，而今却以29亿美元的低价出售给联想公司，它是出于什么原因呢？

从各个方面看来，谷歌对摩托罗拉感兴趣的只是专利，从后续的裁员和出售工厂等行为来看，谷歌对摩托罗拉的手机业务并没有多大兴趣。在被收购之后，摩托罗拉移动的损失最少有10亿美元，谷歌不可能再让摩托罗拉的手机业务持续亏损，只有将它低价出售给联想公司。

在出售了摩托罗拉移动之后，谷歌的CEO佩奇表示，谷歌只专注于安卓系统的优化和创新，而这也是使谷歌利益最大化的途径。在谷歌收购摩托罗拉之后，安卓阵营的其他手机厂家一直担忧谷歌会偏袒摩托罗拉移动，而现在看来是多虑了，从此他们也会更加忠诚于安卓阵营。

佩奇在和联想交易时说："联想集团的专业性强、影响力大，和具有强大领导力的公司合作，将会增强摩托罗拉移动的实力，联想集团有能力也有经验，将会帮助摩托罗拉成为安卓阵营里主要的厂商。"

联想收购摩托罗拉业务，使得全球智能手机的格局非常明确，联想、华为、三星、中兴等成了安卓阵营的主要力量，这些厂商的出货量也居于全球前列。市场研究机构认为，联想的这次收购进一步巩固了它在移动终端市场的地位，缩短了与三星和苹果之间的差距。而联想集团的CEO杨元庆表示，三星和苹果是联想集团的主要竞争对手，在未来的终端领域希望能够超过这两家公司。

10.3.3 收购的三大要素

从联想集团收购摩托罗拉的案例中不难看出，收购对于一个企业来讲是有很大好处的，这也不难解释为什么近几年我国的收购市场是那么火爆。然而也有企业在收购过程中失败了，失败的时候公司的损失也是不小的，那么企业在收购的过程中应注意什么呢？

收购的三大要素，如图10-2所示。

图10-2 收购的三大要素

1. 完整的策略

那些能够成功收购其他公司的企业，他们的注意力往往集中在公司的策略中。制定出长远的发展策略，这是企业能够成功收购其他公司的前提。曾有某公司的CEO说："企业交易失败的原因往往是缺乏有计划的方案。特别是企业在收购之前，应该进行充分、有条理的调查，调查的深入程度应该和公司未来的去向相匹配。"企业应该希望客户一直都在准备中，应该将收购的策略作为企业发展的核心，而不是被动地等待其他公司的收购要约，也不是盲目地跟从市场的大潮。

2. 尽职尽责的调查

在很多时候企业不可能对收购的对象了如指掌，这就意味着企业需要好好地调查一番，调查的情况不仅限于被收购公司的财务状况，还应当包括无形的资产和更为复杂的内容。被收购公司的科技实力、人才配备、现有资源、专利商标等，都是公司应该调查清楚的对象。

3. 控制风险

企业在进行收购的过程中，应该学会借助外部的力量，比如一些专业的人才和交易过程中所涉及的法律问题，还有对交易的环境和税收进行评估等。企业在收购的时候还需要花费更多的时间和精力来研究合同的保护条款，要确保事情按照计划的方向发展，这是收购时的关键问题，企业一定不能忽略。

企业在与被收购的企业签订合同之后，也不意味着就成功了。从另一个角度看，这才是收购的第一步，一个成功的收购不仅需要按照计划一步一步地实施，还要有应对突发事件的能力。而且就算是在收购真正完成之后，企业如果不具备这种能力，那么企业就很难通过收购获得更好的发展。

10.4 重建的模式和核心

在互联网时代，所有企业都受到了互联网的冲击，"互联网+"概念的出现也让传统企业面临着新的挑战和风险，这使得传统企业面临着尴尬的境地：不重建就是等死，急着重建就是去送死。

传统企业要想重建成功，就需要了解重建失败最主要的原因。房子塌了不容易建，传统企业经营了多年，已经形成了自己完整的团队和自己行业中的利益圈，在这种情况下，很多企业不可能完全放弃过去进行重建。

所以，传统企业在互联网的冲击下面临着很大的风险，很容易使企业陷入一种两难的境地。

10.4.1 转创模式，一种新的重建模式

对传统企业来说，往前看，不知道移动互联网能带来什么利益，也不知道在重建的过程中如何将"互联网+"的概念融入到企业的发展中；往后看，以前的工作经验已经不再适合当下互联网的发展了，企业若不进行重建，迟早会面临被淘汰的下场。这就使得很多传统的企业找不到出路，陷入了进也不行退也不是的两难境地。

转创模式是一个新的重建模式，它能够帮助传统企业重建或是创业，在企业原来的基础上进行重建或是二次创业，利用企业现有的优势，为公司重建一个新的平台，获得新的发展。企业可以将转创模式看作是一种方法论，因为转创的模式能够是实实在在地帮助企业进行重建升级。这种模式并不是适合所有的企业，但是对90%以上的企业都是适用的。

转创模式就是让企业利用好现有的资源、优势重新进行整合，将企业的品牌、产品、渠道等都合理地利用起来，重建一个新的公司、新的平台。与此同时，对于其他用不上的资源，企业可以转手或是继续运转，这样也不会受到重建的影响。

10.4.2 转创模式的三个模式

转创模式有三个重要的模式。

第一个是商业模式。在移动互联网快速发展的情况下，只有新的商业模式才能适合市场的发展，所以传统行业要放下包袱，进行创新与改革，这样才能找到一个新的商业模式，才能够开拓新的市场。

第二个是资本模式。传统企业一般都积累了一定的资本，再加上市场上的资金来源，是传统企业在重建过程中的一个有力条件，凭借这个优势企业可以走上重建之路，稳健地发展。

第三个是营销模式。在互联网快速发展的情况下，营销的模式也进行了变革，传统的企业在以前经营中获得的营销经验可以帮助企业很快地掌握新的营销模式并快速成长。

以上这三点可以帮助传统企业走向重建之路。如果企业能够放开心态，大胆启用互联网模式和任用互联网人才，让这些人才成为企业重建的主导力量，那么就能够在很大程度上加大重建的成功率。

曾有一个企业的老板讲：他花了几年的时间弄懂了互联网时代的商业模式，现在开始领导自己的企业进行重建。但是他的重建最后没有成功，因为互联网是竞争最激烈的行业，对时间的要求就是快，如果企业没有互联网专业人才，而只是自己领导重建是很难成功的。

10.4.3　企业重建的五大核心

传统企业在重建过程中要找到互联网方面的专业人才，让这些人才加入到传统企业的重建中，而不是在重建过程中加入他们，也就是说让这些人才领导企业进行重建，而不是在企业重建的时候领导他们。那么，这就涉及企业重建的五个核心要素，如图10-3所示。

一	适应互联网时代的激励机制
二	对企业内部的调整
三	有建议协商，不做指导
四	企业要从零开始
五	建立先发优势

图10-3　企业重建五大要素

1. 适应互联网时代的激励机制

在互联网时代，企业必须适应这个时代的生活方式，才能够完成重建的第一步。这时就需要企业雇用一些掌握互联网技术的人才，让这些人才留在企业中，一般出高工资是不可行的，既然企业要重建，那么就要有适应互联网时代的激励体制，最直接的方式就是让给这些人才一部分股份，这样既能留住人才，又能够调动他们的积极性。这个股份到底该给多少？不多也不少而是刚刚好，因为不同的人和不同的产业对资源的需求是不一样的，企业只有给足了股份，这些人才会在企业重建的过程中拼命，才会认为是在给自己干活；否则，一旦重建失败，他们什么也不会得到。

2. 对企业内部的调整

传统企业的老板应该明白，为什么这些人愿意拿着少量的股份进行企业的重建，因为他们需要资源，需要企业的资源和他的技术进行整合，否则他们也会向小米的创始人雷军一样去创业了。因此对于传统企业而言，既然要重建，就要彻底地把资源合理地分配给企业内部几个重要的人，让他们留下来为企业的重建而努力。有的传统企业的老板认为，企业内部已经有了充沛的资源支持，当企业达到一定的规模后，就会吸收更多的资源。

3. 有建议协商，不做指导

当传统企业的老板把企业的资源给了这些人才的时候，不一定能够弄懂他们在重建过程中做了什么。所以企业老板只需把自己当成企业的一员，而不再是领导者，企业老板可以将自己的创业经验和心得贡献给他们，而不是去告诉他们该怎么做。因为大部分希望重建的企业家都不是很懂互联网技术，也没有互联网思维。传统企业在互联网时代进行重建的过程中，老板只需要给出一些建议和想法，而不再是下达命令。

4. 企业要从零开始

乔布斯有一句话非常经典：我从零开始，我仍然需要努力。有很多的传统企业家对企业重建很自豪，但是很少有人会认为重建后是一个新的开始，一个归零的开始，企业家仍然需要努力。

5. 建立先发优势

互联网的迅速发展真正解释了"明天又是新的一天"。在互联网中常常会听到先发优势这个词，意思是在互联网领域中，三个月或是半年领先竞争对手，就可能决定了对手的生死。这对于传统行业来讲是不可想象的。在互联网发展如此迅速的情况下，企业想重建，就要承认自己什么都不知道，通过合理的方法有效地刺激企业改革，不管是重建也好，创业也罢，都需要互联网人才来领导企业重建，去做互联网时代需要的东西。

10.5　谷歌的全球收购之路

如果从全球企业研发的投入看，谷歌的投入排在第九位；如果从IT科技的领域看，全球也只有谷歌、微软、英特尔、三星等公司进入了前十；如果从单一的互联网服务领域看，谷歌排在第一位。

谷歌在没有重组之前可以说是一家纯粹的互联网公司，不论是在科技前沿的投入还是在互联网搜索平台技术上的投入，都是国内互联网公司不能比的。而谷歌作为一家互联网公司，却一直在收购和投入非相关前沿技术领域的研发，这在很多人的心中都打了一个大大的问号。

10.5.1　谷歌的全球收购之路

2011年8月16日晚，手机巨头摩托罗拉被谷歌以总价值125亿美元收购。这个有着80年历史的手机品牌，在一分为二后被出售给了一家只有15年历史的互联网公司，这本就让人惊讶，更让人惊讶的是作为互联网巨头的谷歌突然宣布进入移动终端和垂直领域。

摩托罗拉是1930年诞生的通信公司，在经历过企业繁荣之后，也逐渐走向了颓废。它的手机销量从2004年的第二名跌落到了五名以外。在这样日渐衰败的情况下，摩托罗拉内部也开始分拆，成立了摩托罗拉移动和摩托罗拉方案公司，最后摩托罗拉移动被谷歌收购，不久后又被谷歌转让给了联想公司。

2013年4月14日，谷歌收购了智能手机传感创业公司，这个公司可以通过各种传感器来编译数据，以这样的方式可以分析出手机的使用者是否在和别人互动。同年10月，谷歌又收购了一家可利用摄像头辨别手势并控制电脑的企业，这家企业也是一家创业公司，主要是制作手势遥控的应用。他们的手势应用可以通过摄像头来追踪使用者的手势，并且可以控制视频、游戏、音乐、拍照等。

2013年8月，谷歌收购了一家制造可穿戴设备的公司，该公司2011年便推出了智能手表，并在2012年推出了开发包和应用商店等，而这些开发的应用都是基于Android平台来设计的。

2013年10月，谷歌收购了一家成立五年的创业公司Flexy Core，这家公司的产品可以帮助用户、OEM和运营商改善Android设备上的性能，之后谷歌将这个公司的开发人员整合到了Android的开发工程中。收购这个企业谷歌用了2200万美元。

2013年12月，谷歌收购了一家机器人制造公司Boston Dynamics，这家机器人公司最大的客户是五角大楼，这家公司制造的机器人不仅具备很强的平衡感，而且还可以像非洲豹那样奔跑。虽然速度没有非洲豹快，但是奔跑的速度比正常的人类还要快，谷歌在收购这家公司之前还收购了8家其他的机器人制造公司。

2014年3月，谷歌又收购了一家公司Green Throttle Games，这家公司将移动的游戏搬到了大屏幕之上，这个收购意味着谷歌加快专注于游戏的机顶盒性能。之前就有消息传出，谷歌开发了一个基于Android系统的游戏机顶盒，这个产品在一年后上市。

2014年4月，谷歌收购了一家英国的人工智能公司，这家公司的主要业务是游戏和电子商务算法。谷歌收购的目的，应该是看上了电子商务的算法，这次收购主要是公司的技术，收购的价格估计在5亿美元左右。

2014年5月，谷歌收购了一家太阳能高空无人机公司Titan Aerospace。除了这一家公司外，谷歌还收购了美国和日本的7家机器人公司和人工智能公司，这些公司擅长的项目分别是：人工智能、机器人、可穿戴设备、设计领域、Android应用的开发和改善等。

从2013年谷歌收购摩托罗拉到2014年，这两年中，谷歌收购了10家科技公司，这还不算谷歌以前收购的企业，可见谷歌是有自己的发展规划的，下面结合谷歌在自己主要领域即互联网的扩张之路来说明谷歌收购目的。

10.5.2　谷歌在引擎市场的影响力

谷歌这么多年来一直统治着全球搜索引擎市场，虽然有这样的成绩，但谷歌仍致力于改进它的搜索技术，以便更好地掌控搜索的站点，分析用户输入的条目，从而提供相关的搜索结果。谷歌的在搜索引擎方面的收入主要来源于广告的投放，然而谷歌并没有集中在这个领域，而是积极地开拓其他的领域，从谷歌的收购行为可以看出，谷歌并不愿意只做一个互联网公司。

谷歌一直是搜索引擎市场的王者，但它也不缺少竞争的对手。如微软的必应就将赌注压在了语意搜索引擎上，这项技术和传统的搜索技术有所不同，它试图了解整个网页中的语意。而必应的搜索可以让用户增加搜索并对搜索进行排序。与此同时，搜索引擎市场仅次于谷歌的雅虎也推出了开放的搜索引擎，雅虎的工作人员希望用它促进搜索结果，增加市场吸引力。

除了雅虎和微软之外，还有其他的搜索引擎通过提供隐私保障来吸引用户。这些搜索引擎不会像谷歌一样纪录用户的地址和和搜索的词条，不仅如此，还有一些专业的搜索引擎，如在视频方面就有专业的搜索引擎。而且近几年还出现了一种难以被搜索引擎搜索到的技术，也用于搜索引擎中。

这些搜索引擎公司都有一个目标：那就是对谷歌搜索引擎中的不足之处进行弥补和改善。虽然谷歌在搜索引擎市场上一直占据着统治的地位，但这个市场中用户对于产品的依赖性不强，就是用户不用下载和安装搜索的软件，也可以进行迁移，因此，在这个市场用户很容易转向其他的产品。

10.5.3　谷歌的战略布局

谷歌的广告投入和搜索引擎还是存在一定的正比关系，所以用户一旦出现大幅度下降就会影响到谷歌的收入，谷歌的财富也有可能在一夜之间发生大幅度的变化。除了搜索引擎之外，谷歌还有以上收购的公司产品，而且它在这类产品的研发上也投入了巨大的精力。

除此之外，谷歌还重视搜索广告的客户，这些在以前都是通过自助系统来提供服务的。谷歌要想增强它的品牌广告，还需要对广告提供个性化服务。无论谷歌付出的这些努力在以后是否会有价值回报，但是对于一个2万人的互联网公司来说，它涉及了如此多的领域，还是花费很大精力的。

从谷歌的收购之路和其他业务的扩展之路来看，谷歌以后的计划：它不只希望依靠搜索引擎的头衔来赚钱，因为市场的变化太大，它也不敢保证自己在哪一天丢失了这个头衔，就对公司造成了经济的损失，所以它选择了多元化的发展道路，只要是目前科技领域的技术，它都有涉及，这样虽然分散了它的大部分精力，但是要比把公司押在一个搜索引擎上也可靠得多。

10.6 大肆收购的链家地产

2015年4月，北京房地产中介公司的老大链家收购了上海第二大房地产公司德祐，这两家大型的房地产合并在一起共同应对互联网的大潮。在互联网时代，原本房地产业务在线上、线下是很清晰的，现在逐渐变得模糊，而且各个企业还在相互渗透，合纵连横将会在一段时间内成为房地产行业的常态。

在此之前，网上传出链家董事长左晖的内部公开信，透露出北京这家房地产龙头企业准备收购上海第二大房地产中介公司德祐的消息，两家一线城市的房地产中介公司合并，一下子就成了京沪房地产行业中的热门话题，引起了市场上的热议。

10.6.1 链家收购德祐

在2015年的4月初，这个传言得到了证实，链家地产和德祐地产通过新闻稿的形式证实了收购消息。据公开数据显示：链家房地产中介公司成立于2001年，在北京、上海、天津、南京、杭州等城市都设有分部，在12个城市中拥有2000家门店。虽然链家现在的收购数量已经比不上以前，但是它收购了一家德祐公司就好比收购了几家小型的房地产中介公司。而且链家仍然是北京房地产中介市场的指向标，占北京房地产市场55%的份额，是北京房地产中介市场中绝对的老大。

与链家的实力相比，收购的对象德祐也不是等闲之辈。德祐房地产成立于2002年，13年中一直在上海的房地产中介市场中辛勤耕耘。在收购前，德祐房地产在上海有300家门店，员工超过6000人，年度的业绩更是达到了25亿元。在上海房地产中介市场中，德祐占有的市场份额仅次于排名第一的中原地产。在链家收购德祐之前，链家在上海只有20多家门店，收购德祐之后无疑加快了占领上海的房地产中介市场步伐，排名第一的中原房地产也受到了冲击。

链家地产的副总裁林倩表示，由于链家和德祐都不是上市公司，所以不用透露收购的细节。但是收购后，链家会有一段时间的过渡期。在此之后，德祐房地产统一使用链家的品牌，和与链家是从属关系的其他公司一样。据了解德祐被链家收购之后，德祐房地产原有的团队会并入上海的链家，并成为上海链家的骨干人员。而德祐房地产中介公司的创始人邵非也成为了链家房地产的高级副总裁，而原有上海链家的管理团队调往了其他城市开拓新的市场。

10.6.2 链家的收购计划

对于链家房地产来说，要实现全国性地扩展目标，最简单、最直接的办法就是同行业之间的收购。在北京起家的链家通过收购德祐房地产，拥有了现有的团队和资源，在以上海这个城市为龙头的华东地区迅速地扩大房地产市场的份额。同样的收购模式链家在以前也用过三四次，2014年的3月份链家宣布收购伊诚地产，这是链家地产在西南地区扩展房地产市场的第一步。

在2011年链家成立10周年，链家就提出了新的收购计划，争取在2015年的时候房地产的市场扩展到16个城市，门店在全国达到3000家，并寻求和其他公司合作的机会，准备上市。如今，这样的计划正在陆续进行，并取得了一定的进展。

链家房地产的董事长左晖表示，链家一直在准备扩展和收购同行业公司，预计的投资额达50亿元。这个资金来源于公司现有的资金、投资公司注册和经营收入这3个部分。在华东、西南地区的两次成功的收购无疑为链家2015年的收购目标打下基础。

在有存量房和互联网的时代，房地产中介公司要想更加突出，其模式也要在互联网中进行探索。无论是O2O还是大数据，对于房地产中介公司来讲，将这些作为纽带和链条，提高优质的商品房和服务才是关键。从链家的收购之路不难看出，收购对于一个企业来讲是有很大好处的。

10.6.3 收购带来的好处

如今，很多大企业都忙着收购，收购能给企业带来什么样的好处呢？如图10-4所示。

图10-4 企业收购的好处

1. 能给公司带来规模经济效应

企业收购的好处首先体现在生产规模效应上，企业可以通过收购对企业的资产流动进行补充和调整，从而达到企业最佳的经济模式，同时还能够降低企业的生产成本。收购的前提是保持企业的整体结构，使企业集中在一个工厂中进行单一的产品生产，使技术达到专业化的水平。收购还能够解决企业生产中的一系列问题，使各生产部门之间更好地配合，实现生产规模的经济效益。

再者就是企业的经营规模效应。企业可以通过收购不同行业的企业，针对不同的市场和客户进行生产和服务，满足不同消费者的需求。收购之后企业也可以对收购的企业进行集中的研究、设计、开发等方面的改进，从而推出新的产品、新的技术。收购能够使企业的规模扩大，而企业的规模扩大之后融资就会变得容易一些。

2. 能够使企业带来市场主导的效应

企业可以通过纵向收购相关企业，控制行业中大量的原材料和销售渠道，这样就能够有效地控制竞争对手的商业活动，提高企业在领域内的影响力和差异化优势。

企业还可以通过横向收购活动提高市场占有份额，形成自己企业的规模优势，成为一个行业的领军者。企业可以通过自己的规模优势与效益实行收购策略，使企业的规模进一步扩大，增强竞争力。企业在收购一个同行业的企业时，意味着少了一个竞争对手，这样就可以减少其他竞争对手对市场的控制力。

收购能够使企业增强自己的市场势力。收购一般在两种情况下发生：第一种是在需求下降和资源过剩的情况下，企业可以通过收购活动实现产业资源合理化分配的目标；第二种是在区域竞争中，区域企业遭受区域外企业的强烈冲击，企业可以通过收购来弥补自己的竞争劣势。

3. 可以实现资源共享和优化配置

当今社会，人力、物力、财力日益短缺，作为企业经营的主要对象，会造成企业对资源占有的排他性和资源经营的长期性。再加上有些资源是不可再生的，导致资源的紧缺问题日益突出。这就要求企业通过收购的形式，充分利用社会上可以利用的资源，结合企业拥有的资源，提高资源的使用效率和产出效率，从而实现企业间的资源优化配置，达到资源共享和强强联合的目的。

4. 可以使企业以最低的成本实现多元化发展

企业在收购其他企业后，在保持现有经营领域的同时，还可以向新的市场拓展。对于大企业来讲，如果企业想进入一个新的领域，就要面对激烈的竞争。在陌生的市场面前，即使花很多的时间来投资建设，也不能保证成功，对于企业来讲是很不经济的，也不值得冒险，因此企业可以通过收购不同行业的企业来实现多元化发展。

第十一章　拥抱时代：剖析BAT的成长轨迹

　　BAT是中国互联网三大巨头的首字母缩写，分别是百度公司、阿里巴巴集团和腾讯公司。在中国互联网发展的20多年时间中，有10年的时间被这三家公司所主导。在中国互联网行业排名前三十的公司都有BAT的影子。在这一章中以三家公司的成长轨迹和布局来说明互联网行业的市场。

11.1　百度的初创队伍

　　2000年1月3日，在北大资源宾馆的两个房间中，百度历史上第一次全体员工会议召开了。此时百度的员工一共有七个人，分别是李彦宏、徐勇、刘建国、郭眈、雷鸣、王啸、崔珊珊。这就是百度最初的创业团队，后来被被称为"百度七剑客"。

　　开会的房间太小，七个人有点挤，大家都盘腿坐在床上开会。在整个会议期间没有人高谈阔论，这帮搞互联网技术的人从来不用这一套，只是简单地介绍完组员和分工之后，就将话题转移到会议的主题上：关于搜索引擎是如何开发的。在会议结束的时候，这七个人对百度以后的发展方向都有了一定的认识。

11.1.1 百度"七剑客"

李彦宏是百度现任的CEO，也是百度的创始人，有人说没有他就没有百度。他在上学的时候被美国一所高校的计算机系录取，并在美国待了8年。在美国期间，李彦宏先后担任了高级顾问和互联网资深工程师等职位。

在百度的整个发展历程中，百度一直很稳健地发展着，并在2005年8月在美国纳斯达克成功上市。在短短5年中，百度从一个无人知晓的创业公司到上市成为一家全球知名的网络公司，这其中的成果是和李彦宏密不可分的。虽然百度在发展的历程中也遇到了一些困难，但是在李彦宏的带领下正稳步前进着。

刘建国是百度的前任CTO，也是李彦宏找的百度公司的第一位员工。他是中国著名的搜索引擎专家，在进入百度以前是北京大学计算机系的副教授和计算机网络分布系统研究室的副主任，也是百度创业团队的主要人物之一。他曾主持开发过中国最大规模的中英文搜索引擎系统，是第一个做面向消息中间件产品的。他不仅在计算机领域上有所成就，在部门管理和人员管理上也有丰富的经验。他对百度公司及其技术和工程有关的部门进行管理，保证了百度公司的中文搜索引擎服务在世界上处于领先的地位。

李彦宏对他的第一位员工刘建国有着很高的评价，李彦宏曾在全体员工会议中表示："在刘建国的带领下，百度的技术团队吸收了很多杰出的人才，并且在中文搜索引擎领域走在最前沿。"

徐勇是北京大学的硕士，也是美国一所大学的博士。徐勇这个名字可能有很多人没有听说过，但他也是百度创业团队重要的人之一。他曾在美国学习和工作过10年，担任过美国两家著名跨国公司的高级销售经理，并获得过杰出销售奖。徐勇曾以制片人的身份拍摄了大型记录片《走进硅谷》，很客观地讲述了美国硅谷的发展历程，深度剖析了硅谷成功背后的种种原因。在美国的时候，他就与人合作创立了一个互联网电子商务公司，并在半年内就实现了盈利。

徐勇和李彦宏是在1997年认识的，他们是北京大学的校友，徐勇也是李彦宏最初的合作伙伴之一。徐勇在美国的时候认识了很多风险投资商，他对百度的融资贡献是非常大的。

其他的四位百度初始创业成员：郭耽，北京交通大学的博士毕业生，是百度的第一批工程师，参与了百度搜索引擎的研发，曾经任职过百度的高级技术经理；崔珊珊，中科院的研究生，曾任职过百度技术部总监和高级工程师等职位；雷鸣，北京大学计算机系的硕士毕业生，他曾编写了百度第一代程序代码，被李彦宏称为中国最好的工程师之一；王啸，毕业于北京邮电大学的计算机系，曾任百度客户端软件部门的总监，作为百度最早的工程师加入百度。

11.1.2 百度的团队创造精神

从百度的团队成员中可以看出，他们不仅有很专业的互联网知识，还有一定的经验，有计算机技术的专业人才、有编写程序的工程师、有营销的高手、还有风险投资商等，诸多因素使他们结合在一起促成了百度最初的创业团队。这个团队充满着技术、激情和想象力。可以说，这个团队是百度技术创新的基因，这个团队能取得如此骄人的成绩，是和成员之间的密切合作息息相关的。那么百度的初始团队有什么优点呢？

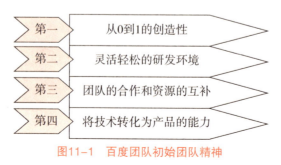

图11-1　百度团队初始团队精神

1. 从0到1的创造性

百度的搜索引擎源于李彦宏的超链分析技术专利，这个技术成为互联网搜索引擎的黄金标准。在互联网已经演变成基础设施的今天，具有技术创新精神的百度公司依然站在技术领域的最前沿。百度的大数据预测产品、数据可视化产品、全球最大的模拟神经网络、出众的图像识别和语音识别技术，这些技术在国内的科技领域有着开创性的意义，由百度团队研发的机器人、自动驾驶汽车等在国内是绝对处于科技前沿的技术。而在国内互联网公司大多追求商业模式的创新，而百度在这种情况下能坚持创造是难能可贵的。

2. 灵活轻松的研发环境

《黑客与画家》中说到，黑客和画家、建筑师是不一样的，因为黑客是一个创造者，而企业营造的一个开放、灵活的环境是具有创造力的工程师生存的最佳地方。百度除了慷慨的为员工提供资金和资源方面的支持外，还营造了这样一个环境，能够让百度的技术人员从自己的兴趣出发研究下棋的机器人等。

3. 团队的合作和资源的互补

《极客与团队》一书中提到了工程师的合作和团队精神的重要性，正是百度团队成员之间的合作，才让百度有了今天的成功。而百度最初的创业成员也符合工程师这一特点。例如，百度在深度学习方面的积累带来了领先的图像识别技术，而这种技术可以用于搜索引擎的图像搜索，也可以用于自动驾驶汽车的视觉感知。总之，百度在搜索引擎、人工智能等领域已经形成了自己的良性循环生态系统，在这个生态系统中，任何一个新兴的产品或服务都可以得到其他领域的支持。

4. 将技术转化为产品的能力

百度搜索引擎的出现拉近了互联网信息和用户之间的距离，而它的移动终端产品能够使用户随时随地地与商家交互，还可以帮助商家打通数据服务和线下的实体场景。正是百度团队的这种精神，让用户切实感受到了互联网给生活带来的改变。这也是以李彦宏为代表的最初团队所说的那样：百度改变了人们的生活，也改变了世界。

11.2 百度上市后的布局模式

2015年6月，百度不断地释放向O2O领域扩张的信号。而百度的CEO李彦宏也在很多场合表示，百度正在实现从以前连接人和信息到连接人和服务的转变，要连接目前一切的行业，让百度成为所有行业的通用平台。

几年前，中国的互联网成功地孕育出了一大批科技公司。这些科技领域的大公司在互联网的浪潮下获得了很多好处，除了国内的市场外，它们也有征战海外的雄心。而它们的名气也在全球的范围内不断地增长，其中就有百度、阿里巴巴、腾讯和华为，它们的全球扩张之路主要集中在移动领域。

11.2.1 百度在国外的布局

正如一个硅谷风险投资人所预测的那样，移动互联网正成为这个时代的主流网络。而中国的互联网公司在移动终端和O2O领域内的成绩也是靠前的。随着近年来中国经济的放缓，这正是中国互联网公司开辟国外市场的最佳时机。

2015年在北京召开的百度世界大会上，百度的总裁张亚勤讲述了百度在国外的布局方式，提出了百度想要走出中国市场、进入全球的市场中，以便能抓住机会资本。百度布局的第一个地方是巴西，因为巴西的市场环境和中国的市场环境相似，除此之外，还有印度和印度尼西亚这些国家。

因为这些国家人口众多，而互联网还处在初级阶段，在这样的市场中有很大的发展潜力。百度会为每个国家制定特定的产品，而不是推出一种广泛的、全面的服务。百度还会将自己在O2O领域内的产品和技术推向这些新兴的市场。

目前，百度已经在巴西推行了这些战略。虽然巴西的互联网市场还没有中国的互联网市场成熟，但是巴西拥有2亿的人口，这是百度公司所不能够忽视的，而且在巴西的互联网公司提供的服务效率还不是很高，这就为百度在巴西的扩张提供了机会。

巴西的智能手机市场刚刚起步，普及率达到30%，这样的环境正是打造O2O生态系统和建立大规模用户群的最好时机。到现在为止，巴西是除中国之外，唯一一个百度在它的市场中推出搜索引擎服务的国家，这项服务是百度在2014年推出的，而百度搜索引擎的服务在泰国和印度、埃及等国家的推出计划还在策划之中。

11.2.2 百度的收购之路

在2014年10月，百度收购了在巴西拥有4年历史的最大团购网站Peixe Urbano，简称PU，到2015年9月，这个网站的注册用户数量已经超过了2500万人。在2015年的百度世界大会上，PU的首席执行官Alexander Tabor表示，PU在被百度收购之后，借鉴了百度的技术和战略，从百度的发展中学到了宝贵的经验。PU的执行官还表示，百度没有进入巴西以前，巴西的人们只能关注美国的市场来一探当下科技发展的趋势，并研究如何将这些技术运用到巴西的市场中，但是随着中国移动互联网的崛起和O2O行业生态的建立，百度为巴西的市场提供了一个很好的参照。

巴西的PU被百度收购之后，PU采用了百度旗下的团购网站糯米的运营方式，比如说建立商家的社区，优化APP用户端的功能等，而且还推出了优惠券和折扣的形式，吸引了大量的客户。在这些优化和激励措施的帮助下，PU被百度收购之后实现了约140%的增长。

百度公司国际业务部的总经理表示，百度以前是靠借鉴国外的技术成长起来的，但是现在百度公司已经有能力创造自己的产品，并将创新的意识和运营的知识带到别的国家去。同时他还表明百度在布局的战略中，更偏向于找本地的商家来合作，百度不会像其他的公司采用征服的策略。

百度在国外的版图布局使百度和美国的一些科技巨头正面相逢。百度的国际部总经理也表示，百度还需要向美国的一些科技公司如微软、谷歌学习，这些美国科技巨头的优势在于能够将其他领域中现有的商品快速地融入到自身的产品中去。尽管这些科技巨头的生态系统兼容性很强，但不代表百度公司没有机会了。在更多的情况下，中国的互联网公司愿意去做一些美国公司不屑于做但利润可观的工作。

如今，百度在海外扩展的市场包括巴西、印度、埃及、日本、泰国和印度尼西亚等国，并且百度在美国的硅谷也有了自己的研究所。此外，根据百度的官方消息称，百度在全球范围内拥有的用户已经有7亿人，而且每月的活跃用户人数也超过2.5亿人。

以上是百度公司在国外的布局和扩张，而在国内百度主要布局O2O领域，在O2O领域中百度形成了两种模式和三个平台入口。从模式上讲，一种是搜索（用户主动）型O2O，如百度直达号；而另一种则是被动型的O2O，如百度糯米。而三个平台入口则是手机百度、百度糯米和百度地图。

11.2.3 百度的O2O布局

新浪数据调查发现，使用百度糯米寻找服务的用户高达92.1%，使用直达号寻找服务的用户仅占7.9%，在百度的三个入口中，百度糯米用户使用的频率是最高的，占比达41.6%；其次是百度地图占比39.3%；第三就是掌上百度，占比18%；最后就是百度生活和其他的应用占比1.1%。

百度在围绕着这些产品布局的时候，也在进行其他领域的投资。从百度公开的资料中可以看出，百度的投资主要集中在生活服务、旅游、交通和医疗等方面。百度的副总裁表示，百度建立生态系统要以自营和引入第三方的形式。高频次的O2O场景以自营的方式去做，如百度外卖；不普遍的场景则以开放的模式去做，如通过直达号机制可以以多方合作的方式引入其他的行业。

显而易见，百度在O2O领域的布局是费了不少精力的，甚至可以拿孤注一掷来形容它的力度。一方面在资金方面的投入，李彦宏拿出了200亿元投入到百度糯米的业务中来建设生态系统，提升用户的体验。另一方面是在决策上，百度在2015年8月首次公布电商化的交易额，百度的股价从200多美元跌到160多美元。

外界认为，百度大力投入O2O领域，致使百度的业绩增速放缓、利润降低，也使百度从PC终端到移动终端的流量入口优势减弱，而且在O2O领域内还有美团、大众点评等大量的竞争对手，很难做到差异化服务。

李彦宏给出回应说，百度在两年的时间内利润下降得这么快，其实是在表明百度的一种决心，百度不在乎华尔街是怎么看的，百度一定会把这件事情做成功，而且这些投入对百度的过渡有很大的作用。对于百度在O2O领域内的未来，李彦宏没有作过多的描述。他只表示，百度今天的布局，会使百度在O2O领域内占有很大的市场份额，只是这个时间还无法确定。

11.3　阿里巴巴前期所走的弯路

2014年9月20日，阿里巴巴集团在纳斯达克上市，融资高达240亿美元。从此阿里巴巴成了中国最大的互联网公司，而阿里巴巴的创始人马云也成了中国的首富。企业家们应该都知道，企业在发展过程中会经历很多波折，特别是在前期的时候企业会走很多的弯路，即便是中国最大的互联网公司阿里巴巴也是如此，在前期走了不少的弯路。

每个企业在发展的过程中都不会是一帆风顺的，有些错误甚至是致命的。在2013年的一次颁奖典礼上，马云说他将来要写一本书，书名就叫《阿里的1001个错误》。马云说阿里巴巴在前期发展的过程中，走的弯路和犯的错误其实不止1001个。当然这是马云的玩笑，不过在阿里巴巴发展的15年中，阿里巴巴的确走了不少弯路，那么它到底走了哪些弯路呢？

11.3.1　阿里巴巴战略上的失误

提起阿里巴巴，人们就会想起中国的创业奇才马云，提起马云当然也少不了他的阿里巴巴。目前，阿里巴巴已经发展成为互联网巨头，然而在阿里巴巴光鲜的背后也曾走过很多弯路，阿里巴巴在战略上主要有哪些失误呢？

图11-2　阿里巴巴战略上的失误

1. 迁都上海铩羽而归

1999年阿里巴巴才刚刚起步，员工办公的场所就是马云150平方米的家。在阿里巴巴融资成功后，马云就想着将公司的总部搬到美国的硅谷，将国内的总部搬到上海。在阿里巴巴迁都上海之后发现水土不服，又急匆匆地迁回杭州。有的财经评论说这是阿里巴巴走的第一条弯路。

马云对这次的波折进行事后分析，上海是国际化城市，市内大多是大型国企和外资企业，而阿里巴巴服务的对象是中小型企业，而杭州却聚集着大量的中小型企业，对电商有着实实在在的要求。而这次迁都失败促使阿里巴巴一直居于杭州，再也没有离开过。

2. 扩张过快，运营的费用居高不下

在1999年创办阿里巴巴的时候，马云和他的团队以50万元开始了新一轮创业，随后又获得以高盛为主的一批投资银行向阿里巴巴投资500万美元。财力的剧增打乱了阿里巴巴原有的计划，有了巨资的阿里巴巴集团陷入了混乱之中。

2000年，阿里巴巴在海外市场疯狂地扩张，导致阿里巴巴集团的运营成本居高不下。不止这些，阿里巴巴在中国香港、美国、韩国、欧洲等地区和国家进行大规模的推广，使阿里巴巴集团每月的广告费用成了一个天文数字，且没有丝毫的回报。到2001年，阿里巴巴集团的银行账户余额已不足1000万美元。

在这种情况下，阿里巴巴召开了历史上一次很重要的会议。当时担任阿里巴巴集团首席运营官的是关明生，他在一天之内就将美国团队从40人裁员到3人，并且相继关闭了在国内所有城市的办事处。剩下没有被裁员的职工，每人工资减半但是期权加倍。在这样调整下，阿里巴巴终于度过了危险期，当时阿里巴巴从每月的运营费200万美元，缩减到了50万美元。

11.3.2　阿里巴巴人才误用和收购失误

阿里巴巴除了战略上的失误以外，它在人才和收购上面也有过失误。

1. 人才引入的失误

1999年，阿里巴巴的十八罗汉放弃了北京的优厚待遇，和马云一起回杭州创建阿里巴巴。在几年后的一次全体会上，马云告诉这18个人，不要想着自己的资历深就可以任高职，最多只能做个排长、连长之类的，至于团长以上的级别他另请高明。于是，阿里巴巴集团就引进了大量的外来管理人才。

事后阿里巴巴才知道犯了一个严重的错误。在阿里巴巴创建15年后，28位合伙人的名单中，还有7位依然坚守在阿里巴巴集团的岗位上，而且个个身居要职。而那时候阿里巴巴所请的未来人才，却没有一个留在阿里巴巴。当时马云小看了阿里巴巴，也小看了自己和一些合作伙伴，而10年后的阿里巴巴却成了一家上市公司。一个高成长型的企业应该什么时候引入职业经理人，创业的人员在企业中扮演什么样的角色，这对于一个企业来讲是一个很复杂的问题，阿里巴巴也曾经在这方面走过弯路。

2. 收购失误

2005年，马云和雅虎的创始人杨致远在美国相遇，他们打了一场球赛，马云高超的球技给杨致远留下了深刻的印象。于是马云和杨致远就做了一笔交易。那时候杨致远希望中国雅虎能够像美国雅虎一样强大，可是雅虎在中国的局面却迟迟打不开。

马云和杨致远从谈判到签订协议只用了3个月的时间。协议的内容是：阿里巴巴收购雅虎在中国的全部资产，同时阿里巴巴得到雅虎10亿美元的投资，雅虎得到阿里巴巴40%的股权。

此时阿里巴巴有向外扩张的雄心，请了著名的导演给雅虎拍广告，但是雅虎中国变得既不像门户又不像搜索引擎，在中国几乎没什么作为，这使得阿里巴巴丧失了和中小企业相关度很高的搜索引擎发展战略机遇。2007年，阿里巴巴在香港上市的文件中透露，2010年以后，雅虎将增强在阿里巴巴董事会的话语权，雅虎持股高于35%，这期间并不排除将马云赶出董事会的情况。后来，马云将支付宝的资产转至阿里巴巴集团管理层，所有的争议都是当年收购中国雅虎埋下的祸根。

11.3.3 阿里巴巴错失良机

2004年，阿里巴巴集团的员工李治国出走，自己创办了口碑网。口碑网在前几年发展得很迅速，用户很快就超过了200万。而此时的阿里巴巴正好进行架构调整，成立2B(Business-to-Business，即B2B)、2C(Customer-to-Customer，即C2C)的事业群。阿里巴巴就希望将口碑网整合到2C中，以壮大它的力量。

2006年，马云找到李治国说："你是想让口碑网独立上市，还是将口碑网整合到阿里巴巴中去。"李治国想都没想选择了后者。阿里巴巴集团用600万美元投资口碑网，两年后口碑网被阿里巴巴集团收购。在之后的几年中，口碑网一直是大众点评最大的竞争对手。2009年阿里巴巴集团升级了淘宝的战略。阿里巴巴原本以为能够为口碑网导入足够多的流量，却没想到口碑网和大众点评以及美团之间的差距越来越大。

在这样的背景下，2011年阿里巴巴以5000万美元的价格入股了口碑网的竞争对手美团。这就标志着在阿里巴巴集团中口碑网已经被边缘化。事后阿里巴巴有很多人为这件事情感到惋惜，如果当时口碑网被阿里巴巴做起来了，现在的阿里巴巴能省好几个亿，而且还多了一个自己的网站业务点。

口碑网整合到阿里巴巴的失败，最大的过失就是错失了O2O发展的最佳时机，最后只能看着大众点评做大，现在已经成为腾讯抢夺O2O市场的重要支柱。如果当时口碑网能够和大众点评有一样的实力，那么现在的阿里巴巴在O2O领域就会显得从容得多。

11.4 阿里巴巴的全面布局

2015年8月，阿里巴巴与苏宁电器宣布达成战略合作伙伴，双方整合内部的优势资源,利用大数据、"互联网+"、金融支付、移动应用等打造O2O移动应用产品,并尝试打通线上和线下两个渠道,实现两个体系的无缝对接。

在阿里巴巴集团,蚂蚁金服的业务已经布局到整个互联网金融业务之中,蚂蚁聚宝也把理财业务分出去一半,在信贷和征信上也都推出了新的业务。如今,蚂蚁金服的综合化金融道路发展得也越来越广泛。

11.4.1 阿里巴巴互联网金融的布局

易观智库的高级分析师认为,未来互联网金融发展的模式将会和产业融合,金融行业势必会相互支撑,走综合的发展道路。现在"互联网+"已经成为时代的主流,而互联网金融也是时代正在酝酿的新产业形态。

国内互联网金融的商业模式分为6个模式,即P2P、众筹、大数据金融、第三方支付、信息化金融机构和互联网金融门户。在互联网金融大潮下,这6个模式都孕育出很多出色的企业,比如91金融已经在策划上市。众多互联网企业发展的过程已经证明,利用互联网金融改造传统的金融业务已经取得了巨大的成功。P2P平台改变了民间信贷,而股权众筹网站也改变了以前的投资方式,证券类APP改变了股民们的投资习惯。这些出色的互联网企业通过平台和用户思维把参与金融的门槛降低了,提高了金融业务的效率,从而把以前针对高净值用户的百万产品打造成只需要百元就能投资的大众产品。

互联网金融在大数据运用方面也变得更加灵活,增加了用户的操作便捷性,从而提高了交易的成功率。而互联网金融为何在短短的十几年从无到有,并超越了金融机构数十年的积累呢?互联网金融发展迅速主要体现在两个方面:一方面是互联网的发展使得信息变得更透明,提高了用户的体验;另一方面是金融化、证券化的参与使得金融产品资产的流通渠道变得更加广泛。因此，"互联网+"不仅改变了传统金融行业，还改变了传统非金融行业。

作为中国最大的互联网企业，阿里巴巴已经成为互联网企业里的标杆，阿里巴巴在互联网金融行业有了很好的布局。经过十余年的积累，阿里巴巴已经形成了自己的生态链，即消费者、渠道商、制造商等众多的服务联合在一起。阿里巴巴在金融行业里的布局，是从内涵到外延都在不断的进化。

在互联网金融的模式下，阿里巴巴推出了支付宝、余额宝和小微金融等。2004年，阿里巴巴成立了支付宝，到2016年，支付宝的活跃用户超过2.7亿。起初支付宝只是作为第三方支付平台，负责的只是对接淘宝商家和消费者的媒介角色。后来阿里巴巴对它的技术不断更新和完善，使得支付宝的安全性能也在一步步提高，也使支付宝接收的业务越来越多，小到购买商品、大到借贷转账，人们都使用支付宝了。而现在，O2O已经成为商业的主流模式，支付宝也能承担越来越多的业务了。

11.4.2　阿里巴巴业务上的布局

2013年3月，阿里巴巴集团宣布成立阿里小微金融集团。小微金融集团主要涉及支付、保险、借贷、担保等领域。小微集团的金融业务主要分为小微企业和个人金融两个板块。小微集团的资金主要来源于阿里巴巴集团旗下的两家小借贷公司。相对传统金融行业的复杂流程和高门槛，小微集团可谓是一个颠覆性的金融企业。这就像马云曾经说的那样：如果银行不改变，我们就改变银行。

2013年6月，余额宝是阿里巴巴集团支付宝上线的存款业务，通过余额宝，用户可以将支付宝中没用完的资金购买货币基金进行盈利。因为余额宝的利率高于银行的存款，使得余额宝一面世就受到了众多用户的欢迎。余额宝的出现，不仅仅是改变了人们的投资渠道这么简单。

2013年12月，阿里巴巴集团成立了众安保险，是国内第一家互联网保险公司。由阿里巴巴集团的马云、腾讯公司的马化腾和中国平安公司的马明哲，三个姓马的CEO共同发起。在公司股权持有方面马云持股19.9%，是众安保险公司最大的股东；腾讯和中国平安分别拥有15%的股份，成为众安保险的第二大股东；除此之外还有6家小股东。和腾讯、苏宁这些互联网巨头一样，阿里巴巴对民营银行这类企业也很感兴趣，而阿里巴巴的网商银行也正往这方面发展。

2015年，阿里巴巴集团和苏宁电器携手对互联网金融进行差异化的布局。这两个互联网电商巨头的合作被视为是实现国家"互联网+"战略，线上、线下商业全面融合的一个标志性事件。2015年8月10日，阿里巴巴集团和苏宁电器联合宣布：阿里巴巴集团将投资283亿元参与苏宁云商非公开发行，占发行后的总股本的19.99%，阿里巴巴成为苏宁云商第二大股东。同时，苏宁云商以140亿元认购不超过2780万股的阿里巴巴集团新发行的股份。双方合作之后，将全面布局电商、物流、营销、大数据、售后服务、O2O等线上、线下体系。

11.4.3　阿里巴巴在电子商务的布局

阿里巴巴集团的优势在于，阿里巴巴集团旗下的蚂蚁金融服务发展得很快，蚂蚁金融旗下的业务包括支付宝、余额宝、招财宝、蚂蚁小贷和网商银行等。2013年，苏宁电器金融事业部已经覆盖了互联网支付、保险代理、消费信贷等业务。从两家企业的业务板块来看，两者的合作覆盖了国家目前各个层面允许从事的所有金融业务。而这其中所释放出来的市场将会是阿里巴巴集团目前市值的几百倍，阿里巴巴集团将借此向全面布局综合化的金融业务迈出坚实的一步。

从行业角度来看，互联网经济与传统企业的合作是电子商务发展的大趋势，而阿里巴巴集团和苏宁电器的合作，也相互补充了各自的短板。而它们之间的合作将会对中国电子商务的格局产生巨大的影响，对互联网金融的发展有着巨大的推动作用。

2013年5月，阿里巴巴集团对高德进行战略投资，而高德获得阿里巴巴集团3亿美元的投资，阿里巴巴集团将会持有高德28%的股份，成为高德的第一大股东。阿里巴巴集团投资高德主要是为了全面布局O2O领域。而阿里巴巴入股高德再次证明了互联网地图是移动互联网的重要入口，以移动互联网为载体构建生活服务的平台是行业可探索的一种商业模式。

11.5　腾讯立足的社交

中国的互联网企业都面临着越来越大的压力，因为竞争对手总是不断地出现。近年来，移动互联网行业的出现对互联网公司原有的业务形成颠覆性的冲击。美国《华尔街日报》在2013年时称中国互联网巨头腾讯公司在这一方面的表现要好于其他的互联网公司，腾讯公司是中国社交领域的王中之王，这些都得益于腾讯对于业务的组合。随着国内微信用户的提升，腾讯公司正在尝试通过微信来扩大海外的市场。

11.5.1　腾讯公司在社交领域的地位

腾讯公司旗下的业务主要包括：占据中国市场主导地位且以年轻人为对象的游戏业务、国内最普遍的即时通信服务之一的腾讯QQ，以及最近火热的微信等。微信是一款免费的移动社交软件，用户可以通过微信即时地发送语音、图片、视频、文字等信息。

据统计，腾讯公司在2014年净利润同比增长了54%，达到了238.1亿元。腾讯公司基于2015年预期每股收益的市盈率为22倍。在后来的几个月，腾讯的股价出现了波动，因为该公司的业务增长放缓。此外，腾讯公司正在对电子商务和移动业务等领域进行投资。让腾讯的经理感到乐观的是微信的成功，这款备受欢迎的社交应用出来两年就吸引了3亿的注册用户。

腾讯是如何将社交应用的用户资源转化为利润的？腾讯公司是在1998年成立的即时通信企业，在QQ业务出来不久用户的数量就迅速增长，目前的用户已经达到了8亿人。腾讯公司就意识到应用的关注度并不能转化为利润，因此打算改变这种状况。凭借着QQ庞大的用户群基础增加了其他的业务，并最终主导了社交这个领域。

要理解腾讯公司是如何在社交领域立足的也不是难事，美国的一个互联网分析师说："预计到2025年，中国有14亿人口，互联网的用户约占总人口的80%。"而社交的人群一般集中在18～60岁之间，腾讯公司的两款社交软件适合不同年龄段的用户使用，因此它的用户就占了互联网用户的一大半。

对于社交领域，互联网行业的人士都清楚地认识到，如果能够从腾讯的社交领域夺得一块地，势必会增强信心和勇气。但是事实是：腾讯公司从PC到移动互联网的演变过程中一直都处于领先的地位，让很多的竞争者都望尘莫及。于是，很多互联网行业的人士在想：还有什么是腾讯公司不能做的？

小米CEO雷军在谈到米聊时表示，如果腾讯公司在半年内反应过来，米聊的存活概率只有50%。但是让雷军没有想到的是，腾讯在3个月内就迅速地做出响应。微信的用户爆发式的增长，在中国互联网市场上是绝无仅有的。不可否认，在PC终端和移动终端的两个平台上，社交关系的成功是关键。但是，有很多的互联网企业忘记了腾讯公司在社交领域的产品布局和用户数据挖掘方面的积累。

腾讯公司在2014年初推出了微社交，通过对微信、微博、微视、手机QQ、QQ空间和朋友圈等现有的社交产品进行整合，形成了一种差异化的有机关系链。让信息的分享更加丰富，流通更加自由，让用户看到了移动社交的另一种功能。

11.5.2　微信在社交领域的市场份额

微信是腾讯公司立足社交领域最成功的产品，也是更新迭代所带来爆发式话题的焦点，用户对它的关注热度已经不亚于对任何明星的趣闻轶事。进入2013年微信的竞争对手，从易信到来往，都是做做样子，实际的收益是很小的。移动社交的市场是互联网大佬们都不想放弃的一个平台。张朝阳曾不只在一个场合下表示他对社交领域感兴趣，可是搜狐社交太让人失望，他也只能望洋兴叹。

微信在社交领域的发展，可以说已经超过了马化腾的规划，导致了微信从诞生到现在一直在试错中前行，公众账号、支付、推销等在微信平台上的效应是很明显的，而这也是腾讯公司在社交领域中承上启下的核心环节。

但是现在不得不承认，社交领域已经呈多样化的趋势。在2013年的9月，腾讯公司推出了视频社交产品微视，使用过该产品的用户都应该知道这是一款类似于vine的移动应用，似乎有大量的用户疾呼腾讯公司要做UGC(User Generated Content)，从社交的领域来讲，腾讯是在弥补自己的短板。

在移动社交时代，腾讯在社交领域需要补充的还有什么呢？有的用户会说朋友圈中已经沉积了大量的UGC，但是在比较封闭的朋友圈中，在传播的时候可能会存在一段时间的爆发性，却没有持续的爆发性，无论是在话题的组织上还是内容的影响上都是如此，毕竟微信是腾讯公司规划中的一环，而进军整个社交平台才是腾讯最大的梦想。

11.5.3　腾讯社交领域的变革

在微信类似产品不断出现的时候，企业就需要思考：现在真的需要那么多的社交工具来满足人们的沟通需求吗？阅后即焚的应用给了很多社交网络一个很好的启发。其实从社交产品发展的历程来看，社交产品的变化往往会催生社交的变革，社交应用的重要载体从文字、图片到语音、视频，在社交持续爆发的时候，微社交也将掀起一波高潮。

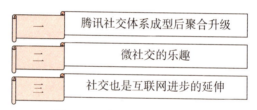

一	腾讯社交体系成型后聚合升级
二	微社交的乐趣
三	社交也是互联网进步的延伸

图11-3　腾讯社交领域的变革

1. 腾讯社交体系成型后聚合升级

当一个企业拥有众多的产品时，就会想办法整合，这样的整合能够产生1+1＞2的效果，这一点对于所有的互联网企业来讲都是如此。这种整合不是简单的产品相加，而是基于产品之间的相互联系来判断未来的趋势。而对于腾讯公司而言，小到微信一个功能的改进，大到整个社交体系的布局。

腾讯公司总裁刘炽平曾表示，在未来还要进一步挖掘社交的潜力。这种深挖可以从两个方面来理解：首先是弥补社交领域的空白，其次是相互融合的潜力。在中国有6亿的网民，他们不可能也不会只用一种社交应用软件，关键是如何满足用户的沟通需求。

2. 微社交的乐趣

微社交让社交变得更简单，而且更加丰富。一直以来，人与人之间的交流是一种刚性需求，人类的很多行为都是基于社交而起的。如今，人们借助于互联网可以突破时间和空间的限制进行交流。在普通的社交用户中，可能有QQ好友、微信好友等，但是基于人类亲疏远近的天性，他们之间能够重合的并不多。

3. 社交也是互联网进步的延伸

国内的手机网民数量迅速地上升，移动互联网的价值就愈加明显地体现出来了，社交可以说是移动互联网价值的一种体现。

11.6　QQ与微信占领的社交领域

微信从发布到现在，它的用户数量依然呈持续上升的趋势，特别是每周推出的游戏，甚至由于访问的人数过多导致服务器关停。而腾讯QQ在微信没有推出之前一直是社交领域的霸主，被称为PC客户端之王。可以说微信和QQ占据了中国社交领域的八成市场份额，使腾讯在国内社交领域的霸主地位越来越稳固。

尽管各大互联网公司对于移动互联网给予了足够的重视，并且采取了不少相应的措施，但是无论是网易推出的易信，还是阿里巴巴对腾讯的封杀，都没能够成功地对微信和QQ造成压力，足以见得QQ和微信在用户心中的地位。那么微信和QQ是如何占领社交领域的呢？

11.6.1　QQ和微信积累用户

QQ和微信不断地吸引和积累用户。从QQ到微信，腾讯一直专注于社交网络平台，在社交领域有了很深厚的根基。那么在中国，为什么微信和QQ能够拥有这么多的用户呢？抛开时代因素，无论是QQ还是微信都适合中国人的沟通需求，用学术上的话讲，这就是中国特色。中国人中庸、含蓄、内敛的传统文化，影响了互联网和移动互联网市场的消费主力军，无论是在这种文化背景长大的80后，还是在这种文化压迫下长大的90后，不管是哪个年龄段，他们都喜欢用匿名的方式与外界交流，对于营造自己的私人空间充满了向往。在现实中这个愿望是很难实现的，却被QQ和微信实现了。

在20世纪90年代QQ刚推出来的时候，计算机专业的人群和其他的使用人群成了它的使用主力军。很多人都沉浸在QQ中，从中找自己的聊天对象，然后就天南地北地乱聊；和熟悉的或不熟悉的人一起玩游戏；后来又开始经营自己的小空间和玩偷菜、抢车位等游戏。随着用户年龄的逐渐增长，QQ也逐渐变成了固定的好友传递信息的平台。

此后不久，腾讯公司又发布了微信，能够真正意义上和通讯录里的熟人分享生活中的点点滴滴，无疑给用户带来了另一种感受。平时不在一起或不常联系的熟人，可以在朋友圈中看到他们生活中的点点滴滴，也可以告诉这些熟人自己的生活，有时候还可以得到熟人的问候和帮助，这种体验就吸引了众多的用户。

微信作为一个交流互动的平台，将每一个希望通过手机分享自己生活的用户收入麾下的时候，也就是微信用户基本固定下来的时候。但是，微信的不断更新，加入了游戏、移动支付等应用之后，也给微信带来了新的用户。相比其他单独发布的游戏应用，微信里面的游戏并没有多么吸引人，现在任何一款游戏都比微信中的游戏要好。

可是就是没有微信游戏中玩的人多，其主要原因还是微信有着庞大的用户群。还有一个因素就是排名，因为参与游戏的用户都有一种竞争的意识，都希望自己能够取得好成绩。这就是微信另一个吸引人的地方，一个清新简单的界面和一款老少皆宜的游戏，很容易吸引中国的用户。

11.6.2 微信的特点

现在如果找一个能替代微信的产品是很难的。微信可以在通讯录的基础上建立一个交流平台，可以将自己生活中的点点滴滴分享给熟人，还可以摇一摇之后发现陌生人，可以和好友一起玩游戏等。微信中的每一个功能模块都是市场已经推出或是很容易被人复制的模块，但正是这些简单可复制的模块在中国的社交领域和移动互联网市场上组成了一个巨无霸。

图11-4　微信的特点

1. 自由分享笔记

现在的微信有着印象笔记的作用，只不过记录的内容更加广泛，微信针对笔记的特点专门开发了圈点、剪藏等类似的工具应用，方便用户更好地记笔记。同时这样的笔记还可以通过邮件的方式发送给好友，或是分享给熟人，这种印象笔记提供了更多的使用场所，不限地方，不限设备，随意分享。

2. 随时随地使用

微信印象笔记有随时搜索、随时保存、随时记录等特点，这些特点就是印象笔记的宣传语。这也是社交应用一个非常重要的地方，可以让用户在登录的时候看到、使用已有的数据。这个可以延伸为一个单独的开发领域，即在大数据时代，怎么样让每一个普通用户不受限制地使用自己的数据。只有这样，才能记录用户交流的数据，而不是单单地依赖电脑或是手机，一旦离开了这台电脑或是手机，里面的数据就得不到恢复。

3. 功能可定制

专注功能的定制，微信给用户开发了很多便利的应用，正是这些应用给用户提供了很多独特的体验环境。微信在取得霸主的前提下，越发地关注社交平台内的用户分享。

11.6.3　微信和QQ的霸主地位

微信在诞生四年之后，也开始逐渐走向成熟。微信与其他的社交产品的关系链一样，最先是亲朋好友之间的社交平台，然后逐渐面向陌生人。在QQ和微信统治着中国社交平台的时候，陌陌却上市了，但这却丝毫没有影响到QQ和微信的用户数量。

2014年8月，腾讯公司发布了第二季度的财报，微信的月活跃用户数超过了4.4亿，比第一季度增长了12%，比2013年同期增长了58%，已经快威胁到全球第一的社交平台WhatsApp。微信于2011年1月正式推出，这款免费的软件在3年之内从众多社交软件中脱颖而出，并迅速地成为国内第一的社交巨头，风头已经盖过了腾讯的代表产品QQ。

微信从发布到现在，已经成了一个集社交、支付、O2O、电商等多种产品于一体的巨无霸产品。在功能上有即时通信、朋友圈、通讯录助手、邮箱提醒、附近的人、摇一摇、微博阅读、游戏中心、流量查询、京东购物、微信公众平台、微信支付、大众点评、智能硬件接口等。据说腾讯公司还会在微信上加入更多的业务。

微信和QQ已经成为腾讯公司在移动互联网领域的旗舰产品和灵魂产品，也是腾讯公司进入移动互联网的一大保障，它甚至已经成为遏制阿里巴巴、百度的要塞。但是腾讯的电商一直不理想，这成了腾讯的一块心病。

于是，腾讯只好拿自己的用户优势来换京东的股份。无论是在投资还是在战略部署上，QQ和微信都充当了排头兵和先锋队，为腾讯在移动互联网的其他领域赢得了一席之地。可见，微信和QQ在移动互联网中的分量有多重。

11.7　你的时代，也要静静等风来

一个伟大的管理大师曾说过："在特殊的市场中建立企业的竞争优势是企业成功的策略。"企业的成功不在于资金和实力的强弱，而在于是否能够等待机会，并且把握住机会，瞄准市场的缺口，合理地利用资源和实施有效的营销战术是企业成功的关键。

11.7.1　企业需要等待机会

市场机会对企业来讲无疑是很重要的，那么什么是市场机会呢？企业在等待的过程中会遇到哪些机会呢？一个营销大师对机会是这样定义的：企业有极大的机会在获利的情况下来满足消费者的需求，市场机会是由消费者尚未满足的需求形成的，对于企业的经营和发展来说就是很好的时机。在中国营销市场中，消费者的需求与商家的供应在数量、结构和发展上都存在着不平衡，这就使得市场中有大量的机会存在。

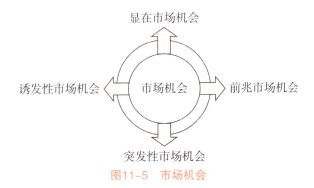

图11-5　市场机会

1. 显在市场机会

在市场中如果消费者的需求增加而目前的商品供应不足就会产生市场机会。例如，市场中对某件商品的需求比较大，而靠现有的供应商不能够满足，供不应求的现象就显示出市场上很好的机会。这种机会叫显在机会，既有结构上的也有数量上的。

2. 前兆市场机会

随着社会和科技迅速地发展，消费的趋势以及变化的特征在一些新的市场中也会出现，例如，可视电话在大幅度地增加。

3. 突发性市场机会

这种机会是由外部的环境和其他因素的变化而产生的一种市场机会，例如：流行感冒期间消毒液和抗生素等医用产品迅速增长等。

4. 诱发性市场机会

这个是通过外在的因素诱导、引导消费者的观念和行为，从而引发出新的市场机会，例如，目前市场中倡导改变亚健康的保健食品和食疗食品等。

11.7.2　把握市场的机会点

大数据时代已经来临，互联网创业者要把握住市场的机会，才能抓住时代的机遇。那么，如何把握市场的机会点呢？具体措施如图11-6所示。

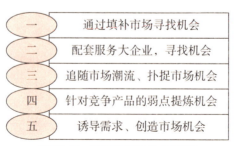

一	通过填补市场寻找机会
二	配套服务大企业，寻找机会
三	追随市场潮流、扑捉市场机会
四	针对竞争产品的弱点提炼机会
五	诱导需求、创造市场机会

图11-6　把握市场机会点策略

1. 通过填补市场寻找机会

市场中消费者需求是不断变化的，新的需求不断地产生，那么原有的机会也会不断地萎缩或者是转移。所以市场总是在动态变化中，即使是对一个行业垄断的企业也会有忽视的地方。市场不是一个铁板，企业是有洞可寻的，企业可以在以下几个方面对市场的空缺进行填补，如图11-7所示。

图11-7　空缺填补

（1）数量填补。

企业可以分析行业中的供求情况，分析行业中前几家大企业的生产总量是否满足市场的需求，如果发现需求仍有较大的空间，那么企业就可以抓住这个机会。

（2）结构填补。

分析市场中的产品结构是否合理，是否有空余和短缺，如果发现有短缺和不合理的现象，企业就可以利用这个机会了。

（3）功能填补。

调查市场中产品的功能是否满足消费者的一些基本需求，通过填补市场中的特殊需求不失为一个很好的商机。

（4）区域填补。

到购买力低下、消费观念落后的地区寻找市场，因为国内各地区之间的购买力和消费观念还存在很大的差异，一些地区的购买力低，一般的大型企业对这些市场不感兴趣，但是当这类市场达到一定规模后，对企业来讲是一个很好的机会。

由此可见，企业在经营中，应该努力地寻找市场的空缺，针对空缺发展自己的产品，因为这个空缺就是企业等待的时机。

2. 配套服务大企业，寻找机会

小企业缺少经济实力和技术，在产品质量和性能等方面很难与大型企业竞争，因此小型企业一般不要与大型企业正面竞争，要善于在大企业的夹缝中寻找机会、寻找潜在的市场。小企业要了解哪些产品是大型企业不愿生产的，然后活跃在大企业不能涉足或是不愿意涉足的领域，在这些领域中寻找机会和发展。

大企业一般对小批量、低收益的产品不感兴趣，特别是在市场竞争激烈的时候，大企业不得不忍痛割爱，丢弃那些副产业的生产，把一部分的加工零件和装配转移出去，然后把资源和精力集中到主要环节以增加自己产品的竞争优势。另外，随着科学技术的发展，产品也越来越多样化和趋向于小批量的生产，大企业不愿意生产的小批量产品就留下了市场的空白，这里就是小企业的用武之地。

小企业也可以通过为大企业生产配套的产品作为走向市场的发展途径，尽可能地与大企业合作，专门生产大企业不愿意生产的产品，这样就能成为大企业不可缺少的伙伴。其实，小企业在大企业的夹缝中生存也是有很大的市场和空间的，因为大企业为市场留下了很多空白，如小百货、小五金、小食品、小玩具等等，企业只要善于等待机会，并且迅速地把握住机会，就能够在市场中畅游自如。

3. 追随市场潮流、扑捉市场机会

企业要时刻关注市场和社会上的热点，将社会的热点和企业的实际情况相结合，寻找正在酝酿的市场机会，然后开发新产品。追随市场的潮流，捕捉市场的机会也是很有效的。企业追随市场的策略有三种形式。

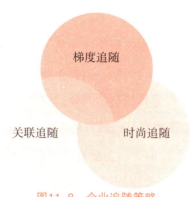

图11-8　企业追随策略

（1）梯度追随。

大企业开创了畅销产品的概念，但是他们产品的价格和档次都比较高，不是所有的消费者都能接受，在这种情况下，小企业就可以研发出低档次、低价格的产品来适应那些不能接受高档次产品的消费者。

（2）时尚追随。

每个时期都流行着各种时尚，小企业可以利用这样的机会。

（3）关联追随。

当市场上有一种商品很热门时，小企业就应该分析这种产品和自己有没有结合点。中小企业采取追随的策略利用市场的机会时，要遵守法律，产品和质量也要有一定的保障，尽量要做到创新，这样才能最终迎来市场的机会。

4. 针对竞争产品的弱点提炼机会

企业要学习行业中领导品牌的优势，并找到其产品中的不足，来塑造自己产品的优势。竞争对手产品的弱点可能就是小企业市场的机会点。竞争对手的弱点体现在很多方面，如质量、包装、销售渠道等。这里面有最重要的三点：市场竞争薄弱的区域、竞争者未能顾及到的市场需求和客户层、竞争者忽略了的技术等。

5. 诱导需求、创造市场机会

机会是一种尚未实现但在等待中或是努力中有可能实现，也有可能实现不了的一种可观的现象，有时候还需要企业自己去创造机会，不能只是在等待中。总之，企业在寻找机会的时候，应该足够了解到市场的需求量和购买力；还有大企业不愿涉足的地方是否有其他的隐患和障碍等。

机会只留给有准备的企业，企业在等待机会的时候要时刻关注消费者、行业和竞争对手的动向，对市场的情况和资料要有广泛的了解。这样企业才能在机会来临时，创造一个属于自己的时代。